Cuentos del barrio y de más allá

Irma María Olmedo

Traducción por
Julia Oliver Rajan

Dedicatoria

Dedico este libro a mis hijos Diana y Daniel, a mi nieta Sonia, a mi hermana Carmen, y a mis familiares que me motivaron a contar estas experiencias.

Cuentos del barrio y de más allá

«Aventuras volviéndonos americanos»

Eran tres, tres, tres de ellos corriendo detrás de mí y aunque la gente llenaba la calle adoquinada hablando y riéndose, nadie les hacía caso o trataba de detenerlos. Corrí rápido por la acera repleta de basura, zigzagueé cruzando la calle con sus baches, pasando el ahuecado pavimento, pero daba igual, los tres perros sarnosos me perseguían sin piedad. Al dar la vuelta en una esquina, me di más prisa, escabulléndome entre las luces intermitentes de los carros tocando bocina, y salté los setos irregulares. La casa de madera, color amarillo mostaza, tenía un carro abandonado en frente con el guardafango cayéndose del marco enmohecido.

Agachándome me metí en el patio cubierto de pasto y malezas, detrás de la casa, los tres perros cerca de mis talones, mordisqueándome los tobillos desnudos. «Me debí haber puesto los tenis en vez de las chanclas para poder rebasar a los perros». Tiré la bolsa de compras en la yerba, agarré la rama más baja del árbol lleno de tamarindos, y me subí justo a tiempo para escaparme del esquelético perro gris más cercano. Pero la rama se rompió. Ahora me estaba cayendo, cayendo, cayendo. Los perros ladrando ferozmente debajo de mí, sus ojos feroces y dientes agudos contra el sol brillante. De repente, sentí que alguien me halaba del brazo.

«María, María, despierta, despierta, tienes una pesadilla», me decía mi esposo, Cheito, susurrando tranquilamente.

Mi corazón latía rápidamente, me desperté exhausta, buscando aire, sudando abundantemente. Otra vez, la pesadilla de los perros.

La pesadilla de los perros había sido un terror continuo de mi vida adulta. La persecución era la esencia de la pesadilla, aunque los perros sarnosos nunca me atacaron. No recuerdo ningún incidente de mi niñez que hubiera causado ese miedo. Si veía a un perro sentado en las aceras angostas de las calles empedradas del Viejo San Juan, cruzaba rápidamente al otro lado, aunque el perro estuviera encadenado, cosa que casi nunca pasaba. El tamaño del perro no tenía nada que ver con la magnitud de mi miedo. Grande o pequeño, era todo lo mismo. Si un perro me miraba directamente, yo cambiaba la vista. Olían mi miedo y se atrevían a ir por él. «¿Por qué solo me ladraban a mí, y nunca a otros que les pasaban por el lado?»

No ayudaba que los perros de mi pueblo tuvieran que sobrevivir por su cuenta. La gente tenía hambre después de la guerra, pero los perros tenían aún más. Las familias del barrio tenían pocas sobras de comida. La carne y hasta los huesos escaseaban. Los perros hambrientos se enfurecían, corriendo en jaurías, comiendo lo que encontraran. Los carroñeros no eran selectivos.

La guerra se terminó, pero la gente de mi pueblo siguió siendo pobre.

«Mira, en *Nueba Yol* hay trabajo. Hay trabajo en *Nueba Yol*». Así decían. «No hay que hablar inglés para trabajar en las fábricas y no necesitas experiencia. Ni inglés ni experiencia. Puedes ganar hasta un peso la hora, cuarenta a la semana. Un peso la hora, cuarenta a la semana». Siempre oía esas palabras por todo el barrio. Los vecinos empezaron a irse a buscar trabajo en *Nueba Yol*.

Cuarenta pesos a la semana. Mucho dinero. Cheito solo ganaba veinte dólares a la semana en la imprenta, muy poquito para un padre de tres hijos. Todos los días de pago jugaba a la lotería a ver si tenía suerte, pero el dinero era aún menos. No en balde terminaba en la barra tomando ron para alegrarse antes de venir a casa y enfrentarse conmigo. «¿Qué podía hacer un hombre si tenía mala suerte?» Seguramente yo podría entender eso. «¿No decía yo siempre que había tenido suerte al casarme con él?» Esos eran sus argumentos.

Mi hermana Goyita, estaba convencida de que estaríamos mejor en *Nueba Yol*.

«Recuerda que, de viuda, hice el viaje hace cinco años y encontré trabajo de fábrica cosiendo», me recordó. «Gané bastantes pesos para traer a mis hijos y conocí a un buen hombre y me volví a casar. Ahora vivimos cómodos en los proyectos, en un apartamento limpio de tres dormitorios con baño, sin ratones ni cucarachas. Si tú y Cheito se vienen, él también puede conseguir trabajo y un apartamento en el proyecto».

Ella y yo planificamos la mudanza. «Yo pago tu pasaje, María, y la hermana de Cheito paga por el de él. Tú y los nenes viven conmigo hasta que Cheito consiga trabajo. Tarde o temprano, todos ustedes van a vivir bien. En *Nueba Yol* lo que solo hace falta es trabajo, tal vez dos, y trabajar duro».

Así fue como conocí a los perros de *Nueba Yol*. Eran diferentes a los perros satos y sarnosos de Puerto Rico. Los perros de *Nueba Yol* tenían una buena vida, pavoneándose por las calles, con un collar de perlas, calentados por abrigos de invierno tejidos. ¡Imagínate! ¡La gente cose abrigos para los perros! Por eso hay tantos trabajos en las fábricas de *Nueba Yol*. ¡Hasta los perros tienen que tener abrigos! Perros que se portan tan bien que casi nunca me ladran.

Nueba Yol en los 1950 estaba lleno de sorpresas para esta boricua. Hasta comprar en los supermercados grandes bien iluminados, observando a los americanos mientras llenaban sus carritos de compras, era una aventura. Los productos se veían tan frescos y atractivos, y ¡ay, la selección! Había muchas clases de avena, por ejemplo: al instante o regular, con o sin azúcar, con canela y pedacitos de manzana, en cajas o paquetes individuales. La sección del pan también era una maravilla con paquetes de pan de todos colores y formas, blancos, *braun*, negros, redondos o largos, en rebanadas o enteros, dulces o de masa fermentada, mezclados con nueces o pasas… En mi barrio en Puerto Rico, yo podía comprar pan dulce o pan de agua, y comerlos en uno o dos días antes de que se pusieran rancios. Los panes americanos duraban semanas, empacados en plástico, decorados con retratos de atletas saludables. Por desgracia, el supermercado no tenía muchos productos boricuas. Para esos yo iba a la *marqueta* para comprar plátanos, las especias para mi sofrito para sazonar mis comidas puertorriqueñas, y otros productos como el Café Bustelo para sobrevivir esos inviernos frígidos.

Lo que yo no entendía era por qué los americanos comían perros y gatos. En el supermercado había latas con dibujos de perros y gatos. La gente más hambrienta en Puerto Rico nunca comería perros o gatos. Los perros y los gatos podían ser mascotas, pero nadie se acercaba a los perros abandonados. ¡Qué extraño ver a tantos americanos bien vestidos llenando sus carritos con latas con dibujos de gatos y perros sonrientes!. ¡Qué cruel poner dibujos de animales felices en las latas y las cajas!

«Los americanos sí que son locos, eso sí es así», le decía yo a Cheito. «Tienen costumbres locas».

También me sorprendía oír a la gente ordenar *hot dogs* en la calle, salchichas que debían ser de carne de perro. Los vendedores de carritos envolvían la salchicha en un panecillo largo, les añadían cebolla, una salsa verde, salsa de tomate y mostaza, y se los vendían a los clientes hambrientos con prisa. Los *hot dogs* eran especialmente populares con los muchachos americanos que los preferían al almuerzo de la cafetería de la escuela. Quizás esa carne era nutritiva. Los americanos se veían más saludables y mejor alimentados que los puertorriqueños. Mira lo grande que se ponían los adolescentes. Pocos de los niños puertorriqueños crecían tan grandes y fornidos. Tenía que ser la comida americana, como las latas con los dibujos de perros y gatos.

Me tardé en comprar esa carne por muchos meses. Seguro, me estaba adaptando al invierno, a usar un abrigo, sombrero, guantes, y botas para enfrentarme con el frío y la nieve. Estaba aprendiendo inglés, palabras importantes como *pliz, sank you, esquiz me, I sorry, bery nice,* mucho *money.* Pero comer gatos y perros era una aventura muy diferente para mí.

Quizás algún día compraría una lata con un perrito bonito, la sazonaría con mi sofrito o la prepararía como preparaba el cerdo en el campo. Posiblemente esos perros tienen un sabor diferente a los perros puertorriqueños si a los americanos les gusta tanto la carne. Cheito no era exigente con la comida y estaba aprendiendo a comer al estilo americano desde que empezó a trabajar en la fábrica. Tal vez no le importaría si fuera cerdo puertorriqueño o perro de *Nueba Yol,* si estuviera bien sazonado, servido con arroz y habichuelas, con una buena taza de café con leche.

Un viernes por la tarde, como seis meses después de nuestra llegada, decidí experimentar con las latas de perro del supermercado. Preparé mi sofrito primero, mezclando el ajo, la cebolla, pimienta, y las especias de la *marqueta,* cilantro, recaito, achiote para el color, mezclando los ingredientes juntos en mi pilón. Usando el aceite de oliva para freír los ingredientes, añadí salsa de tomate en mi caldero negro grande, hojas de orégano, aceitunas y alcaparras. El olor criollo llenó todo el apartamento del quinto piso, colándose por el pasillo, llegando hasta el ascensor descompuesto.

Seleccioné una lata mediana con un perrito gracioso, sonriente, color *braun*, después de ver qué latas compraban más los americanos. «¿Cómo sería la carne y cómo olería? ¿Parecería pollo, res o cerdo?» Abrí la lata, desilusionada, el color nada especial, el olor desagradable, y la carne molida no se veía apetitosa, pero yo podía arreglar eso con mi sofrito y un poco de pique, mi salsa picante.

La hora de comida era la mejor hora del día para Cheito. Su cuerpo bajo y gordo, con su gran barriga redonda, señalaba lo mucho que le gustaba comer. Siempre saboreaba mi fricasé de pollo, mi pernil y arroz con gandules, alcapurrias y pasteles llenos de cerdo, garbanzos y pasas que preparábamos Goyita y yo.

«Tu comida siempre me enamora», me decía. «No hay nada como una buena cena para que un hombre se sienta como un rey».

Tomando una cerveza de la nevera, Cheito se sentó, con el olor del sofrito llamándolo a algo nuevo. Probó un bocado de la comida, masticó y tragó, tomó otro bocado grande, masticó lentamente y tragó con una mirada de sorpresa en la cara. Podía probar el sabor de mi sofrito con ajo, cebolla y especias. ¿Pero qué exactamente era esa textura? No era pollo, ni cerdo, ni bisté. Él había comido conejo y fricasé de cabrito, pero este plato no era eso tampoco. A él le gustaba el cuchifrito, hecho de partes del cerdo, especialmente tripitas, a que les llamaban *sweetbreads* sus compañeros, mientras lo miraban con sospecha cuando él lo traía a la fábrica para el almuerzo. «¿Qué nombre extraño para la comida de gente pobre?», decía. Generalmente lo rechazaban cortésmente cuando él les ofrecía que lo probaran, pero se sentía orgulloso de la variedad de comida que los boricuas cocinaban de todas las partes del cerdo. «Los americanos no saben lo que se están perdiendo. Muchos de sus platos son sosos y aburridos».

Después de masticar la tercera cucharada, Cheito se detuvo. «María, ¿qué es esto? ¿Qué clase de comida me estás dando? Nunca habías preparado esto antes».

«¡Ay amor!, es solo una comida que les gusta a los americanos. Los vi comprando latas de esto en el supermercado y pensé que te gustaría algo diferente».

«¿Comida americana? ¿Latas del supermercado? ¿De qué me hablas? Déjame ver la lata».

«Aquí está. Ve el dibujo del perrito tan gracioso en la etiqueta. Cada semana vi a los americanos comprando estas latas, y pensé que la prepararía con mi sofrito».

«¡Ay, Dios mío, ¡María!» gimió después de ver la etiqueta. «Esto no es carne de perro. ¡Esto es carne para los perros! María la gente no se come esto. Los americanos la compran para dárselo a sus perros.»

«¿Quieres decir que los americanos compran comida especial para sus perros? ¿Los perros americanos no comen las sobras como hacen los perros puertorriqueños? ¿Y los gatos? También vi latas de gatitos en las etiquetas. ¿Quieres decir que esas latas son comida especial para los gatos también?»

Apreté los dientes, sacudí la cabeza y tiré la comida en el zafacón con disgusto.

«¿Qué pérdida de tiempo, dinero y sofrito!», dije en voz alta. «Los americanos son locos si tienen comidas especiales para los animales. Nunca seré americana con sus maneras tan extrañas».

Por suerte, preparé bacalao que siempre tenía en casa para emergencias. Con esa comida rápida, arroz y habichuelas, sabía que mi familia no pasaría hambre.

A través de los años, la sorpresa de la comida de perro se volvió un chiste en casa, cada vez volviéndose mejor y más sabroso cuando se contaba. Aprendí a reírme de mí misma. Era una de muchas anécdotas y eventos, algunos cómicos y otros desagradables, que se mejoraban cada vez que se contaban. Estas eran las aventuras que Cheito y yo experimentamos en ruta a volvernos americanos.

Volvernos americanos llegó a su fin cuando Cheito y yo regresamos a Puerto Rico en 1970. El *boom* económico de la isla fue un incentivo para Goyita que lideró el regreso de la familia a la islita. «Mira, María, tienes que ver las casitas preciosas en Levittown, hechas de cemento y no de madera para que sobrevivan los huracanes. Tienen patios verdes con jardines detrás de la casa para cosechar tomates, habichuelas, *mangos*, guineos, gandules… lo que quieras cosechar. Regresa a Puerto Rico y Cheito puede poner su imprenta al lado de su casita y ahora que sabe inglés, puede imprimir todo tipo de documento, ¡hasta los puede hacer bilingües!»

Regresamos y nos mudamos a Levittown. Cheito estableció su imprenta en la marquesina. No hacía falta una marquesina para el carro ya que no teníamos carro y nunca aprendimos a guiar en *Nueba Yol*. Como muchos neoyorquinos, Cheito siempre cogía el *subway* para ir al trabajo. En Levittown, encontré clientes para mis especialidades puertorriqueñas ya que las mujeres jóvenes tenían poco tiempo para cocinar comidas tradicionales.

¡Qué mucho había cambiado Puerto Rico en las dos décadas desde que nos habíamos ido! A dos cuadras de nuestra casa había un supermercado grande con aire acondicionado como los de *Nueba Yol*. Tenían una gran selección de cafés, panes, habichuelas, y otros productos en sus góndolas. Las carnes estaban empacadas en cajas de cartón impermeable y cubiertas de plástico, con precios, el peso, y las fechas de expiración en las etiquetas. El supermercado hasta vendía latas con dibujos de perritos y gatitos, aunque esa sección era bien pequeña. Los puertorriqueños se estaban volviendo como los americanos, pero no exactamente. Sus animales todavía comían las sobras de las mesas de sus dueños. Y yo declaré que no cometería el mismo error que hice en *Nueba Yol.*

Muchos dueños de casas en Levittown también eran de *Nueba Yol.* Los puertorriqueños estaban regresando a la Isla, algunos trayendo sus perros y gatos. Las casitas detrás de las casas tenían rótulos con nombres como Grande, Pepe, Negro, Macho o Súper Perro. Las casas más grandes con verjas grandes tenían rótulos y advertencias «Cuidado perro». Los adinerados mantenían perros de seguridad para protegerlos de los ladrones.

«Mira, estos dueños de casas saben que los perros grandes son buenos guardianes», decía Cheito. A nosotros nunca nos robaron en *Nueba Yol.* Solo los pobres vivían en los proyectos. ¿Qué se le podría robar a los pobres? Levittown era diferente y más adinerado que Cataño, el pueblo de al lado. Los vecinos contaban cuentos de los ladrones de Cataño que se metían a robar en las casas de Levittown, robando televisiones y tocadiscos, cualquier cosa que pudieran cargar.

Hacía tiempo que yo ya no tenía pesadillas de los perros. De vez en cuando un satito se paseaba por las afueras de Levittown, principalmente en las playas. Las vacaciones familiares eran bien populares durante el verano. Las sobras de los banquetes criollos, encima de los basureros, eran suficientes para los perros.

Sin embargo, en el otoño, el número de perros callejeros en Levittown creció. Los vecinos le echaban la culpa a la gente de Cataño. Como no pueden controlar a los perros abandonados, los traen a Levittown para que les demos de comer. Levittown tiene buenos cazadores de perros. Ahora Cataño tiene que capturar presas más grandes: traficantes de drogas, ladrones, y pandilleros.

A fines de diciembre, nuestra hija Mima y su esposo Bob vinieron en Navidades de vacaciones. Los viajes a Puerto Rico eran algo especial, principalmente cuando los inviernos de Wisconsin les causaban ganas de estar en la playa y la arena. Yo les preparaba las comidas navideñas que ella amaba y que Bob estaba aprendiendo a apreciar. Cheito seguro les contaría la historia de mi comida de perro, la que sazonó como yo siempre sazonaba la carne.

Cheito y yo los entretuvimos con cuentos de la política isleña. Cheito expresó indignación de las opiniones del vecino: «¿Me puedes creer que ese tonto está a favor de la estadidad para Puerto Rico? Todo el mundo en su sano juicio sabe que el Estado Libre Asociado es el mejor futuro para la isla».

Yo fuertemente le contradecía sus argumentos. «Puerto Rico tiene que ser independiente», le argumentaba. «Mis años en *Nueba Yol* me enseñaron que los americanos son locos. Nosotros los puertorriqueños nunca seremos americanos».

En las noches, Cheito y yo sigilosamente poníamos las sobras de comida en una bolsita Ziploc en la nevera. No quería que Mima se pusiera a pensar por qué estábamos guardando las sobras y esperaba a que pensara que éste era nuestro modo de reciclar. Una tarde fresca, pero húmeda, Mima se sentó en el patio para disfrutar de la brisa placentera y escuchar las canciones de los coquíes. La calle estaba en silencio porque la mayoría de las familias estaban adentro preparándose para las fiestas navideñas. Cheito salió conmigo, yo un poco detrás de él. Se paró ante el portón del patio, puso la mano al lado de la boca, y gritó:

«¡Amigos, amigos!»

De repente apareció una jauría de perros en frente del patio, ladrando y moviendo las colas. Le di las sobras a Cheito que con cuidado las puso en un plato plástico al frente de los perros que golosamente atacaron cada pedazo. Cheito los miraba sonriendo.

Entonces regresó al patio con una tímida sonrisa en la cara.

«No sé qué me voy a hacer con María», se quejó. «Le digo que no le debemos dar de comer a los perros porque van a seguir viniendo. Al principio eran solo uno o dos satitos. Ahora es una pandilla. María, no te entiendo», me gritó.

«¡Ay nena!», le dije en voz baja a Mima. «¿En alguna ocasión has visto los ojos de un niño hambriento? Pues los ojos de un perro hambriento tienen exactamente la misma expresión. ¡Ay bendito! Me da pena con esos pobres perros huérfanos de quien nadie se preocupa y nadie cuida. Ahora que tenemos sobras de la comida, ¿qué otra cosa podemos hacer con ellas? ¿Por qué echarlas al zafacón cuando puedo compartirlas? No tengo que comprar comidas especiales para estos perros. Estos amigos puertorriqueños comen lo que comemos nosotros. ¡Hasta les gusta mi sofrito!»

«¿Le tienes miedo al cuco o a Silvano?»

Siempre que Silvano pasaba por nuestra calle, nosotros los niños corríamos en todas direcciones, escondiéndonos detrás de la casa, del árbol más cerca, o el chasis mohoso del carro donde jugábamos al escondite o hacíamos nuestros viajes imaginarios. Tenía el pelo enmarañado hasta los hombros, estaría lleno de piojos porque se pasaba rascándose; la cara curtida, reseca del sol caliente de la isla, parecía un par de chanclas ajadas; una boca grande a la cual le faltaban casi todos los dientes, parecía una calavera; un barrigón que podría reventar como un globo si alguien lo tocara; sus brazotes con las manos llenas de callos podían ahorcar a cualquier niño que agarrara; los dedos de los pies como canoas se salían afuera de las botas viejas que siempre usaba. Pero a lo que más le temíamos era a su voz retumbante que se oía tronando por millas. Ninguno de nosotros sabía qué idioma hablaba porque todo sonaba a disparate.

Silvano nos daba miedo. Todos los niños del barrio estaban de acuerdo. Y nuestros padres estrepitosamente se aseguraban de que no nos olvidáramos de eso. Ellos manipulaban nuestro temor para sus propósitos. Si querían que nos comiéramos el sancocho y no queríamos comer ese asopao pesado de verduras, decían: «Recuerden que Silvano pasa por aquí por las tardes». No tenían que decir nada más. Si querían que entráramos a la casa cuando era casi la hora de dormir, «¿Cómo les gustaría que Silvano se metiera a jugar con ustedes al escondite u otros juegos?» Si gritábamos «Silvano sabe callar a los niños».

A veces cuando éramos traviesos, Abuela nos amenazaba con llamar al «cuco». Pero, «¿Quién le temía al "cuco", a quien nunca habíamos visto, cuando sabíamos que Silvano siempre estaba en el barrio?» El cuco era imaginario; ¡Silvano era de verdad!

Ninguno de nosotros sabía dónde vivía Silvano. Tony pensaba que probablemente vivía en una cueva porque parecía que nunca se bañaba. Chico decía que lo más seguro era que residía en una vieja choza de brujas sin agua potable y una puerta rota cubriendo la entrada. La Neni agregó que lo más seguro se quedaba al final de una calle sin pavimento a la orilla del barrio, llena de baches y troncos de árboles caídos del último huracán, y arbustos con espinas para que nadie pasara. Imaginar dónde se escondía era uno de nuestros juegos favoritos, con Zaida y Víctor siempre inventando las ideas más atroces de lo que él tenía: serruchos circulares para cortar cabezas, sujetadores para estirar piernas y brazos, picos mohosos para sacar los ojos que después se comía, y naturalmente un caldero grande, negro, impregnado de hollín para cocinar a los perros sarnosos que siempre lo seguían a donde quiera que fuera.

Gordo siempre trataba de convencernos de que siguiéramos a Silvano para descubrir dónde vivía. «Mira, yo me voy al frente, si quieren». Siempre se ofrecía a ir primero. «De ningún modo», yo le gritaba. «Y ¿qué hacemos si se da la vuelta y nos ve? Tú solo quieres meternos en líos». Gordo era el único de la calle que nunca mostraba miedo. Sin embargo, si alguna vez tuviéramos que correr para escaparnos de Silvano, Gordo sería al que Silvano atraparía primero porque era bien gordo y no podía correr rápido. Silvano lo consideraría un buen bocado por su barriguita y sus esponjados cachetitos rosados.

Pasó mucho tiempo para convencernos, pero al fin Gordo pudo persuadirnos de que siguiéramos a Silvano hasta su cueva o escondite. No sé cómo Gordo nos convenció, pero todos teníamos curiosidad. Yo no quería ir porque era una miedosa, pero yo era mayor que mi hermano Chico quien siempre buscaba aventuras, y yo no lo podía dejar ir sin mí. «¿Qué le diría a Mami si Silvano se lo comiera?» Pues una tarde, los seis nos fuimos detrás de Silvano, después de verlo doblar la esquina de la próxima calle del barrio. Nos fuimos detrás de él, pero no muy de cerca. Con cuidado y poco de suerte, no se daría vuelta. Como siempre arrastraba una de las piernas, no podía darse la vuelta muy rápido para mirar atrás. Lo vigilamos desde una esquina de la calle hasta que llegara a la otra. Así pudimos saber dónde estaba sin que se diera cuenta de que estábamos siguiéndolo. Cuando llegamos al final de la calle asfaltada, lo seguimos por una carretera llena de lodo. Había troncos de árboles caídos, como lo habíamos imaginado, así que sabíamos que ningún carro pasaría por allí. Pero los enormes troncos caídos nos daban oportunidades para escondernos por si acaso se detuviera a pillar a algún perro sarnoso. No podíamos entender por qué esos perros siempre lo seguían. «¿Tendrían ellos tanta curiosidad por saber más sobre Silvano como la que teníamos nosotros ahora mismo?»

Como siempre, las tardes a mitad del mes de julio eran calientes y húmedas, sin brisa para refrescarnos. No tomó mucho tiempo para que estuviéramos sudados y fatigados. Y, de hecho, no veíamos a ningún perro sarnoso detrás de él. Todos estaban durmiendo, manteniéndose frescos bajo la sombra. Yo ya quería llegar y regresar a casa antes de la hora de cenar. Si no, nos castigarían, especialmente a mí, ya que esperaban que yo diera buen ejemplo. Finalmente, al fondo del lodoso callejón, vimos una vieja casucha, tal como la imaginamos, y no la cueva que Tony había sugerido. La puerta no estaba rota, pero una de las ventanas estaba colgando del marco. Fuera de eso, la choza no se veía tan amenazante o fuera de lugar comparada con las otras casuchas del barrio. Al contrario, se veía más o menos recogida, el patio del frente recién barrido, limpio, y sin basura regada por doquier. Una vez que vimos a Silvano entrar después de quitarse las botas sucias y rotas, nos acercamos a la ventana cautelosos y silenciosamente.

Como siempre, Gordo fue el primero en mirar. El resto de nosotros esperó para asegurarnos de que Silvano no nos viera. Entonces Gordo nos hizo señales con la mano para que pasáramos a mirar. Como estaba oscuro adentro, tuvimos que esperar a que nuestros ojos se adaptaran, como hacíamos en el cine cuando no podíamos encontrar los asientos al entrar. Podíamos ver que era un dormitorio, con dos camas simples y una mesita redonda entre las dos camas con una lamparita elegante. A lo que nuestros ojos se adaptaban a mirar el cuarto oscuro, notamos que la mesa tenía un tapete como los que tejía Tía Goyita. En una pared había un cuadro grande de la Virgen María cargando al Niñito Jesús. Yo reconocí el cuadro porque Abuela tenía uno similar en su dormitorio. Al lado había otro cuadro, una foto de una mamá de verdad cargando a un bebé regordete. Como estaba un poco descolorida era difícil ver quiénes exactamente estaban en la foto.

El retrato más nítido era el que estaba en la mesita. Era de un joven guapo con un uniforme y gorra *braun*. El uniforme se parecía a uno que Tío Eduardo tenía en su dormitorio. Tía Goyita a menudo contaba de cómo nuestro Tío no era el mismo cuando regresó de luchar contra los japoneses durante la guerra. Nuestra prima Haydee decía que «le había dado la luna» y se había vuelto un Jekyll y Hyde. No sabíamos qué era eso «de tener la luna» y no sabíamos quiénes eran Jekyll y Hyde, pero nos dábamos cuenta de que a veces Tío se portaba un poco extraño, como si fuera otro. Cuando pasaba eso, se tomaba un montón de píldoras para tranquilizarse y volver en sí. Cuando mirábamos la foto en la mesita, nos preguntábamos quién podría ser el joven. Su sonrisa orgullosa mostraba muchos dientes blanquitos, y no tenía pelo largo saliéndose por debajo de la gorra.

Gordo estaba perplejo mientras volvía su mirada hacia nosotros. «¿Dónde estaban los serruchos para cortar cabeza, los sujetadores para estirar piernas, los picos mohosos para sacar ojos, y el caldero grande, negro, impregnado de hollín para cocinar los perros?» Solo veíamos dos camitas, una mesita y unas fotos. ¡Hombre, qué desilusionado estaba Gordo! Pero espera, todavía había otro cuarto que teníamos que mirar. Había otra ventana en la parte de atrás de la casa, por suerte, estaba medio abierta. Mientras nos acercábamos oíamos una voz chillona de una mujer gritando:

«¡Deja de hablar cuando estás comiendo! ¡Límpiate la boca y la cara con la servilleta y no con la manga! Y no te olvides de que cuando acabes de comer, tienes que ayudarme a lavar los trastes, barrer el patio, y lavar el piso». Cuando miramos por la ventana y nuestros ojos se adaptaron a la oscuridad, ¡qué espectáculo! Una mujer pequeñita, no mucho más grande que nosotros los niños, estaba parada en frente de un hombre descomunal, tan grande como una montaña, pero ahí estaba la mujercita reprendiéndolo, agitando los dedos frente a su cara. ¡No lo podíamos creer!

«Sí Mamá, todo lo que usted diga. Sí, Mamá».

No podía ser, pero lo era. Silvano, pelo marañado, barrigón, cara de cuero, con sus gigantescas manos callosas, estaba sentado a la mesa, con la cabeza baja, escuchando tranquilamente los regaños de ella.

El pollito que entró del frío

Aún a la edad de 60 años, yo todavía no estaba preparado para perdonar a mi Tío, Tío Cheito, que en paz descanse. Tenía seis años cuando juré que nunca lo perdonaría. Mi rabia ha disminuido un poco tras las décadas. Pero todavía no me gusta comer pollo…ni frito… ni en fricasé…ni, especialmente, en asopao, no importa lo sabroso que esté este típico platillo puertorriqueño bien hecho en casa. Hasta el día de hoy, tengo recuerdos queridos de Pío Pío.

Un frío día de octubre, encontré a un pequeño pollito en el callejón del patio trasero del edificio. Era raro encontrar eso en las viviendas de Lower East Side donde vivíamos, un vecindario que otros conocían como Loisaida. Don Paco, el vecino del tercer piso, criaba palomas en el techo, pero esas estaban en jaulas y siempre regresaban cuando las dejaba salir a volar. Los únicos pollos vivos que jamás hubiera visto en Nueva York eran los del vivero, el mercado de pollos debajo del Williamsburg Bridge. Abuela iba al vivero cuando alguien se enfermaba y necesitaba una sopita de pollo.

A menudo yo acompañaba a Abuela al vivero, siempre echándole un vistazo a todo con morbo y fascinación. Era un lugar ruidoso, apestoso, donde mataban a los pollos antes de venderlos. Los pollos siempre hacían un alborotoso cacareo, como si sospecharan su destino. Un hombre gordo y calvo que llevaba un delantal blanco sobre su redonda barriga manchada de sangre le cortaba la cabeza al pollo con un cuchillo de carnicero bien afilado y echaba al pollito en un gran balde de basura redondo. El pollo sin cabeza saltaba varias veces como un cable eléctrico hasta que finalmente estiraba la pata. Luego el carnicero lo limpiaba, le quitaba las plumas, lo cortaba en pedazos, y envolvía el pollo descuartizado en un papel blanco formando un paquete calientito para Abuela. El hombre siempre me daba un regalito—un puñado de plumas que yo usaba para hacerle cosquillas a mi hermana, meterlas en tinta para dibujar, o fingir que escribía cartas elegantes. No era fanático de la sopita de pollo, pero era difícil resistir la comida de Abuela, especialmente cuando me daba mi pieza favorita, el muslo.

Cuando vi al pobre pollito temblando en el frío de ese día invernal, escondido detrás del basurero del edificio, me pregunté de dónde habría venido.

«¿Quién crees que sea el dueño?», le pregunté a mi primo, Chico.

«No hay nadie acá en el callejón. Quizás no tiene dueño».

«Bueno, *finders keepers*, el que lo encuentra es el dueño"», dijo Chico. «Vamos a buscar una caja para cogerlo. Oye, mira, Tony. No se va corriendo. Quizás tenga mucho frío y quiera entrar adentro para calentarse. No podemos dejarlo acá con el frío. Por la noche vienen los ratones y se lo comen».

«Mira, ¿qué te parece si me lo llevo a casa y lo escondo debajo de la cama?», le contesté rápidamente.

Yo tenía un pollito en Puerto Rico, antes de que mi familia se mudara a *Nueba Yol* y me gustaba darle comida y correr detrás de él en el patio del barrio donde vivíamos. Muchos vecinos tenían animales en el barrio. Don Dionisio tenía un montón de cerdos gordos que a menudo se oían gruñendo ruidosamente después de la cena cuando los vecinos llevaban sus sobras de comida. Y doña Fela tenía un gallinero improvisado lleno de pollos y un gallo rojo grande. Nadie necesitaba un reloj despertador porque el gallo despertaba a todo el vecindario con su *quiquiriquiquí* al salir el sol. Fue doña Fela la que me dio el pollito a criar, pero tuve que devolverle el pollito cuando mi familia decidió brincar el charco en avión y venir a *Nueba Yol*.

«No puedes tener un pollo en un apartamento en *Nueba Yol*», me advirtió Tío Cheito. «Tienen que correr en la tierra donde haya yerba y mucho sol, no en una acera llena de nieve o encerrados adentro».

Tío Eddie, a quien le gustaba jugar con su cámara Polaroid, me sacó una foto cargando el pollito y me dio la foto para que me recordara del barrio cuando me fuera de Puerto Rico. Yo sabía que el pollito estaría en buenas manos y el entusiasmo de montarme en un avión que volara sobre las nubes me hizo olvidarlo.

Chico y yo teníamos que vigilar con cuidado al viejo *landlord* cuando íbamos a colar el pollito al apartamento del tercer piso. El señor *Lanlo* siempre se pasaba diciéndoles a los niños lo que podían o no podían hacer en el edificio. A veces se aparecía de quién sabe dónde, siempre escondiéndose para vernos en alguna travesura. Nosotros los niños aprendimos a ser más listos que él y a ganarle cuando corría detrás de nosotros. Por suerte, era bastante viejo y caminaba con un bastón.

«Vamos a velar al señor *Lanlo*. Oye, no lo veo. Subamos rápido por las escaleras».

Corrimos hacia arriba, entramos al dormitorio, y puse la caja debajo de mi cama. No podía esperar a que llegaran Papá y Mamá del trabajo.

«¿Adivina lo que encontramos en el callejón? Un pollo vivo y entero, y no tienen que pagar por él».

Papá estaba impresionado, pero Mamá quería estar segura de que no hubiera nadie buscando el dichoso pollito perdido.

«No, Mamá, Chico y yo esperamos a ver si alguien venía a buscarlo, pero nadie apareció. El pollito estaba temblando del frío y no se escapó cuando lo cogimos. Lo encontré, y por eso es mío».

Aunque todavía yo estaba aprendiendo inglés, ya había aprendido la expresión *"finders keepers"* cuando oía a los niños jugando en el parque. Pasó mucho tiempo hasta que pude adivinar lo que querían decir, pero por fin entendí.

Tío Cheito estaba bien entusiasmado al ver el pollito. «¡Qué bueno!», dijo. «Dale mucho de comer para la Nochebuena. Sabes que siempre comemos un asopao grande a la medianoche antes de la Navidad. Si le das mucho de comer, será un asopao fabuloso».

«¡Cheito, feito!», le grité furioso.

Tío Cheito pensaba solo en comer. Nosotros los niños nos burlábamos de él de la vez que se comió el espagueti que Tía María le preparó con una lata de carne para perros del supermarcado. Él le había dicho que era el mejor espagueti que ella jamás hubiera hecho. Él siempre negaba haberlo dicho, pero todos los familiares se reían cuando contaban el cuento. Era una buena manera de burlarse de él. Si quería hacer asopao para la Navidad, podía comprar un pollo en el vivero como siempre lo hacía Abuela. De ningún modo iba yo a regalar a Pío Pío para un pésimo asopao, ni siquiera para la Nochebuena.

Después de un tiempo, mientras cuidaba a Pío Pío, me di cuenta de que él había aprendido a hacer algunos trucos. Cuando yo regresaba a casa de la escuela, él me soltaba los cordones de los tenis con su piquito. Y cuando me sentaba en el sofá a mirar televisión y me lo ponía en la falda, se sentaba acurrucado como un perrito y no se escapaba. Abuela a veces traía maíz, que le encantaba a Pío Pío. A Chico y a mí nos fascinaba mirar a Pío Pío mientras comía. Parecía comer constantemente. Y después corría por todas partes, en la cocina y debajo de las sillas, haciendo caquita. Yo tenía que limpiarla todos los días antes de que Mamá y Papá llegaran del trabajo. Después de un rato, aprendí a regar periódicos en el piso. Tío Cheito se reía al ver eso. «Por fin pa' algo sirve ese trapo del *Diario*». Él siempre se quejaba de la basura que era el periódico en español, siempre lleno de noticias de mujeres que mataron a sus esposos, o un novio rechazado saltando del techo, o un niñito mordido por las ratas. Me advirtió que tuviera mucho cuidado con Pío Pío porque las ratas se escondían detrás de la estufa del apartamento de al lado. Compraba trampas para ratas, pero eran grandes y muy listas para dejarse atrapar.

Los domingos eran los días para que la familia se juntara. Tío Cheito y los primos venían a comer, o Papá, Mamá, mi hermana y yo íbamos a su apartamento. Las mamás siempre cocinaban una gran cena de arroz con pollo o fricasé, tostones y habichuelas, a veces patitas de cerdo, que me encantaban, o cuchifritos con partes del cerdo, lo favorito de Tío Cheito. A él le gustaba cocinarlo por su cuenta, friéndolo bien tostadito, sazonado con mucho ajo. Papá sacaba los dominós o las tarjetas de lotería, que hasta nosotros los niños podíamos jugar. Tío Juan se traía su guitarra y cantaba boleros puertorriqueños y Tía María lloraba cuando él tocaba «En Viejo San Juan».

Un sábado Pío Pío se despertó bien temprano y empezó a cantar *quiquiriquiquí*. Sonaba como en el barrio cuando vivíamos en Puerto Rico

«Cállate, Pío Pío», gritó Papá bien cansado. «Tenemos que dormir. No quiero oír ese *quiquiriquiquí* los sábados cuando no tengo que ir a trabajar y puedo quedarme más tiempo durmiendo».

«Oye, eso no es un pollo. Es un gallo». Ese era Tío Cheito gritando. «Tráelo acá a ver si está bien grande y gordo. ¿Está listo para el asopao?»

Las burlas continuaron hasta el principio de diciembre cuando varias cosas difíciles empezaron a pasar. Papá le dijo a Mamá que la fábrica estaba *laying off* a algunos trabajadores. Yo no entendía lo que era *"laying off"*, pero me di cuenta de que Papá no iba a trabajar todos los días como lo hacía antes. Y Mamá no salía a comprar comida tan a menudo. Cuando se juntaba la familia, los adultos nos decían que nos fuéramos a otro lugar para que ellos pudieran hablar en paz. Los oí diciendo algo de la Navidad.

«¿Cómo vamos a celebrar y comprar regalos?» Oí a Papá preguntar angustiado, sonando bien preocupado.

Los niños no debíamos escuchar las conversaciones de los adultos. Los niños teníamos solo que pedir los juguetes que queríamos y los Tres Reyes Magos se encargaban; o si no, *Santa Cló*, que traía juguetes para los nenes americanos. ¡Guao! ¡Eso sí que sería especial! Recibir juguetes dos veces, uno de *Santa Cló* y otro de los Reyes Magos.

Papá mencionó tomar un préstamo de Household Finance. «Lo podemos pagar un peso a la semana durante el próximo año».

«No, eso cuesta demasiado». Mamá no estaba de acuerdo, siempre muy precavida con las finanzas de la familia.

«Sí, pero necesitamos dinero para los juguetes y la cena de Navidad», dijo Papá. «Tú sabes que todo el mundo va a querer venir para la Navidad».

«Bueno, entonces, tenemos que asegurarnos de comprar solo un juguete para cada niño», sugirió Mamá. Tony va a estar desilusionado porque estaba bien emocionado pensando que *Santa Cló* y los Tres Reyes iban a venir y que recibiría el doble número de juguetes este año».

«Bueno tenemos que decirle que los Tres Reyes no vienen a *Nueba Yol* porque hace mucho frío para los camellos. Así podemos comprar solo un juguete para cada niño».

Este era Tío Cheito, siempre buscándole la vuelta a las cosas.

«Y ¿qué de la comida?» Ya Abuela estaba planeando. «Yo estaba pensando en un gran asopao a la medianoche, pero yo veré qué preparo». Abuela siempre tenía la última palabra.

El viernes, antes de los días de fiesta, regresamos de la escuela con un montón de cositas, dulces, galletitas en forma de *Santa Cló* y renos, y botellas plásticas con agua para hacer burbujas de jabón.

«¡La fiesta navideña de la escuela sí que era divertida! Hasta *Miss Goldberg* parecía estar contenta, a pesar de que era judía y de que no celebra la Navidad».

Mi hermana le tenía pena a "*Miss G*", como la llamaban todos los niños.

«¿Te imaginas tú sin celebrar la Navidad? Ella no recibe regalos ni de *Santa Cló* ni de los Reyes Magos».

Chico y yo estábamos tan entusiasmados con la fiesta de la escuela que de primer instante no nos dimos cuenta de que no había periódicos con caquita en el piso de la cocina. «¿Qué pasó? ¿Estará Pío Pío enfermo?»

«Vamos a chequear su caja», dijo Chico. Corrió al dormitorio y gritó. «Oye, no está acá».

«Abuela, ¿dónde está Pío Pío? No está en su caja», le dije casi gritando.

«Ay, nene», dijo Abuela, disculpándose. «El señor *Lanlo* tocó a la puerta para cobrar la renta, cuando abrí, Pío Pío corrió entre sus piernas y bajó las escaleras. Yo corrí detrás de él, pero no pude alcanzarlo. ¡Corrió bien rápido! Me detuve para ponerme el abrigo y las botas antes de salir a la calle y por más que busqué, no pude encontrarlo. ¡Cuánto lo siento! Pueden tratar de buscarlo antes de que oscurezca. Sal y pregúntales a los niños del vecindario si han visto un gallo. Tiene que estar por ahí».

Antes de que terminara de contarnos lo que ocurrió, Chico y yo bajamos las escaleras volando hacia la calle, pero solo nos quedamos en nuestra calle porque no éramos lo suficientemente mayores para ir a otros vecindarios. Mi amigo José nos dijo que creía haber visto un gallo o un pollo, no estaba seguro cuál, y después se preguntaba si hubiera sido una de las palomas de don Paco. Después de todo, ¿quién hubiera oído hablar de gallos en Loisaida en diciembre? Había palomas, pero no gallos.

«No quiero dejar de buscarlo, pero se está poniendo bien oscuro. Quizás lo encontraremos por la mañana».

Me levanté temprano por varias mañanas a ver si oía algún *quiquiriquiquí*. No tuve ninguna suerte al día después ni los otros días que siguieron. Pío Pío no se veía ni se oía por ningún lugar.

Al día siguiente era la Nochebuena. Le pedí a *Santa Cló* otro pollito, aunque sabía que uno nuevo no reemplazaría a Pío Pío.

«Mira, ¿por qué no le pides un conejito? Esos son calladitos, suaves, buenos para acariciar y acurrucar, y hacen caquita en su jaula, no por todo el piso». Ese era Cheito hablando. Quizás daba una buena idea.

La casa estaba llena en la Nochebuena. Tío Juan trajo su guitarra y Haydee cantó las canciones navideñas que tanto nos gustaban. Nosotros los niños hablamos de lo que *Santa Cló* nos traería ya que los Tres Reyes no podían venir a *Nueba Yol* porque a los camellos no les gustaba la nieve. Y ya casi a la medianoche cuando todo el mundo tenía hambre, salió el caldero de asopao de pollo.

«Dame un pedacito». Tío Cheito le pidió un trozo de pollo, guiñándole un ojo a Abuela.

De repente, se me quitó el hambre. Empecé a llorar y me dieron ganas de vomitar. Por suerte, Papá y Mamá no me hicieron comer el asopao. Era la Navidad y ellos sabían que nosotros los niños estábamos emocionados esperando a *Santa Cló*.

Temprano en la mañana de Navidad era la hora de abrir los regalos. Yo recibí un *tro* amarillo brillante con una palanca movible que subía y bajaba y una pala para recoger nieve. Pero el *tro* con pala no era lo único. En una jaula encima del tocador había un conejito blanco peludo, un regalo especial que *Santa Cló* me había dejado en casa de Tío Cheito. ¡Qué sorpresa! ¡Todos mis primos recibieron un juguete y yo había recibido dos!

Cuando la familia se juntó para cenar y celebrar otra vez, todos mis primos mostraron sus juguetes con entusiasmo.

«Oye, ¿podemos acariciar a tu conejito?», preguntó Chico.

Puso su bate y guante de béisbol a un lado y estiró el brazo.

«Claro», le contesté. «Mira que suavecito y calientito es. Y ¿sabes qué? No se escapa cuando uno lo acaricia como Pío Pío».

«¿Qué nombre le vas a dar?», me preguntó Tío Cheito hablando con la boca llena de pasteles que Abuela le había servido. «Quizás lo puedes engordar y llamarlo "Gordo"». Miró a Abuela que le iba a dar más pasteles. «Me dijiste que sabes hacer un buen fricasé de conejo, ¿velda'? ¿Cuándo fue la última vez que hiciste uno? ¡Hace mucho tiempo que no como conejo desde que salí de Puerto Rico y esa parece una buena comida para el próximo domingo de Resurrección!»

Yo estaba a punto de gritarle a Tío Cheito, cuando de repente, desde la distancia, viniendo del área en donde Don Paco tenía sus palomas, creí oír un tenue canto ¡*quiquiquiriquí, quiquiriquiqui*!

Ahora que tengo 67 años, los recuerdos de esas experiencias de la niñez son a menudo borrosos. No recuerdo si Pío Pío de verdad se escapó o si apareció en donde estaban las palomas de Don Paco. Pero aún si lo hubiéramos encontrado, dudo que me lo hubieran devuelto. «El que lo encuentra es el dueño», *"finders keepers,"* era el *ethos* del vecindario.

Desde entonces, muchos de esos familiares han fallecido y no queda nadie a quien preguntarle qué fue lo que pasó. Mientras reflexiono sobre esa Nochebuena, sigo ambivalente entre los recuerdos tristes del niñito que perdió a su mascota querida, y el adulto que reconoce las decisiones difíciles hechas por la gente con poco dinero en tiempos de pobreza. A veces me consuela pensar que, aún si Abuela hubiera confabulado con Tío Cheito en cocinar a Pío Pío, por lo menos mi pollito fue preparado para alegrar a toda mi familia en la cena de Nochebuena.

Muchas cosas han cambiado desde esos tiempos cuando yo acompañaba a Abuela al vivero, viendo los pollos vivitos y coleando, llevándonos los pedazos calientes para cocinarlos frescos para la cena. Hasta el drama de la matanza se ha quedado conmigo; era una experiencia inolvidable, con sus fuertes imágenes, olores, y sonidos recordándome mi niñez, mi familia, y el vecindario. Más allá de eso, tuve la buena fortuna de formar un estrecho vínculo con un pollito mimoso quien se volvió mi mascota y mi amigo. Mis nietos ahora van solo al supermercado local a comprar. Lo que ha desaparecido en su experiencia de compras son los pollos vivos, ahora reducidos solo a pedazos fríos, empacados en *styrofoam* y envueltos en plástico. No hay nada especial en eso. Ningún pollito que le suelte los cordones de los zapatos o que se siente en su falda para mirar televisión. No hay ni si quiera plumas para hacerles cosquillas a los hermanos.

«Tía Mariana modela sus brillantes dientes nuevos»

DOS SEMANAS MÁS. TAN SOLO DOS SEMANAS MÁS. Dos semanas más hasta que llegue el día mágico en donde ella pueda sonreír otra vez. Eso fue lo que le dijo el dentista a Tía Mariana que sería cuando sus dientes estarían listos. Se paraba frente al espejo y practicaba su sonrisa, imaginando cómo se vería con dientes nuevos. Neni y yo nos escondíamos detrás de la cortina que servía como puerta del clóset de nuestro dormitorio, asomándonos a verla sin que ella lo supiera. No queríamos que se avergonzara. Se miraba en el espejo y se sonreía, primero una sonrisa graciosa como la de Shirley Temple, luego una sonrisa sexy como la de Marilyn Monroe, y luego una sonrisa misteriosa como la de la Mona Lisa, la señora que habíamos visto en el libro de arte de la biblioteca. A veces posaba de lado para verse de perfil. Su boca y labios estaban un poco arrugados por haber estado tanto tiempo sin dientes. ¿Cómo se vería con dientes nuevos?

Pero naturalmente, Tía Mariana había tenido siempre una apariencia extraña desde el día en que nació. La gente siempre la miraba cuando caminábamos juntas por la calle. Quizás era por su pequeña cabeza, siempre dobladita hacia el lado desde los hombros, como si su cuerpo tuviera dificultad en aguantarla derecha. Movía la cabeza hacia arriba y hacia abajo como si estuviera indicando que estaba de acuerdo cuando alguien le hablaba. O quizás era su pequeño tamaño comparado con su pecho grande; «bongos» los llamaba mi hermano, Chico. Cuando caminaba saltaba un poquito, a diferencia de otros adultos. Y por sus ojos achinados los familiares terminaron llamándola «Chinita».

Tía Mariana no solo se veía rara, sino que también se comportaba diferente a todos los otros adultos de la familia. Fue por eso por lo que a la Neni y a mí nos encantaba inventar juegos con ella. Para nosotras era como una compañera de juegos, pero adulta. Le encantaba jugar con nuestros juguetes. De hecho, en la Navidad cuando la gente le regalaba una blusa o unos pijamas nuevos, ella inmediatamente los guardaba y venía hacia nosotras para vernos abrir nuestros regalos. Le encantaban especialmente nuestras muñecas; «las bebitas» las llamaba y en seguida les daba nombres – Princesa, Milagros, Victorina o Marianita. Siempre le ponía su nombre a la muñeca más bonita. Las arropaba con una toalla o funda y les cantaba canciones de cuna. O les hablaba, diciéndoles piropos por su bello pelo largo, sus vestidos bonitos, sus cachetitos rosados y especialmente por sus adorables sonrisas. A veces era tan convincente que nos preguntábamos si las muñecas la entendían. Podía jugar con ellas por horas, sin cansarse. Les gustaban las muñecas aún más que a nosotras.

Pues estábamos entusiasmadas en verla anticipando sus dientes nuevos. «Quizás dejaría de cubrirse la boca con la mano al sonreírse», decía mi hermana, Neni. «Con sus brillantes dientes nuevos dejará de hacer eso. Lucirá su sonrisa. Quizás cuando caminemos con ella por la calle, la gente no se quedaría mirándola. Quizás ella les daría una sonrisa si la miran». O por lo menos eso era lo que esperábamos.

Hacer los planes para conseguir sus nuevos dientes no había sido fácil. Mami había ido a muchas oficinas de dentistas buscando uno que hablara español y que no fuera muy caro. Caminó por muchas calles diferentes en varios vecindarios, identificando anuncios con dientes o la palabra *"dentist"* que pudiera tratar a nuestra tía.

«Tía Mariana tendrá que esperar mucho tiempo por sus dientes nuevos», Mami nos explicó. «Primero el dentista tiene que sacarle los dientes dañados, y luego ella tiene que esperar muchas semanas hasta que sus encías sanen. Luego el dentista tiene que medirle la boca para estar seguro de que los dientes le quepan bien. Y luego tiene que esperar otras semanas más mientras le hacen los dientes. Y luego tiene que esperar a pagarlos a crédito, unos pesos semanales hasta que lo haya pagado todo».

Pues Tía Mariana tenía muchas semanas para practicar su sonrisa frente al espejo. Y Neni y yo estábamos bien involucradas en el entusiasmo de la espera.

El día mágico finalmente llegó, un lunes soleado, cuando tuvo su cita. Llevaba una blusa amarilla con mangas largas y cuello en forma de 'u' que había guardado para una ocasión especial. Si se iba a poner dientes nuevos y a tener una nueva sonrisa, tenía que estar bien vestida. No comió mucho esa mañana para que su boca estuviera lo más limpia que pudiera. Nada podía dañar esta ocasión tan especial. ¡Qué emocionante era para nosotras! Como eran las vacaciones de verano, Neni y yo estaríamos en casa y seríamos las primeras de la familia, después de Mami, en admirar a la nueva Tía Mariana.

Esa tarde todos los familiares tuvieron algo que decirle sobre los dientes y su sonrisa.

Tío Julito bromeó, «Oye, Mariana, ahora sí que te puedes conseguir un novio americano». Conseguir un novio americano era ahora posible porque a los americanos les encantaban los dientes bien blancos. Chico también se metió en la conversación.

«Mira, Tía, ¡ahora estás bien guapa! Quizás puedas conseguir un trabajo en un programa de televisión anunciando pasta de dientes

Colgate como lo hacen esas hermosas mujeres americanas con sonrisas bien grandes».

Tía Mariana se rio tímidamente, feliz con su apariencia totalmente nueva. Estaba acostumbrada a una vida de burlas y por lo menos esta vez era porque se veía bien.

Pero la apariencia no duró mucho tiempo. Tía Mariana estaba tan intrigada con la blancura de sus dientes, que no quería que se pusieran ni amarillos ni manchados. Cada vez, antes de comer, se sacaba los dientes, los envolvía en papel higiénico, y los ponía en el librero del pasillo cerca del baño. Así podía mantenerlos limpios y brillantes, sacándoselos y poniéndoselos antes y después de cada comida. Cuando Mami la vio desmenuzando el pollo frito con los dedos en vez de los dientes, le gritó:

«¿Qué te pasa? ¡Esos dientes son para la boca, y no para lucirlos! Los dientes te pueden dar una sonrisa bonita pero mejor aún, hacen que puedas comerte mi pollo con mejor facilidad».

Mami no podía entender que Tía Mariana estaba tan acostumbrada a comer sin dientes que no consideraba eso un gran problema. ¡Pero ser capaz de sonreírse con dientes blancos, ahora, eso sí era un regalo especial!

Papá también la criticaba cuando llegaba del trabajo.

«Oye, ¿qué pasó con tus dientes? ¿Estás mellá' otra vez sin tus dientes? Pagas todo ese dinero por esos dientes brillantes. ¿Entonces, por qué no te los pones?».

«Ay, no quiero que se manchen», así decía.

La impaciencia de Papá era legendaria. Venía del trabajo esperando que todo estuviera recogido y limpio, con la comida lista en la mesa. Esto casi nunca era un problema porque Mami se pasaba casi todo el día recogiendo, limpiando, y cocinando. Pero Mami no tenía ojos detrás de la cabeza para seguir a Mariana por doquier. No se había dado cuenta de que Tía Mariana ponía sus dientes en el librero al cruzar el cuarto de baño para lavarse la boca antes y después de comer.

Un viernes por la tarde Papá estaba especialmente de mal humor. La fábrica estaba recortando las horas de trabajo de los empleados y temía que también cortaran sus horas. Así que cuando fue al baño y vio el bollito de papel higiénico encima del librero, se enfureció. El librero en el pasillo no era el lugar para poner ni papeles sucios ni basura.

Tía Mariana estaba disfrutando el fricasé de pollo de Mami con su sofrito sabroso. No entendíamos por qué prefería las alas a la pechuga, que sin huesos era mucho más fácil de comer. «Hay que dar del ala pa' comer de la pechuga», era el refrán de Papá. Creíamos que se lo inventó porque mientras Tía Mariana se tomaba su tiempo comiéndose las alas, Papá se comía las dos pechugas y un muslo. Y el fricasé era uno de sus platillos favoritos. Se tomaba su tiempo para saborearlo. Pues Papá estaba todavía comiendo cuando Tía Mariana terminó de comer y fue al baño a lavarse la boca. Hasta usaba pasta de dientes en la encía para que su aliento tuviera buen olor antes de ponerse los dientes.

¿Dónde estaban los dientes? Siempre los dejaba en el estante. ¿Se caerían? ¿Los habría puesto en la cartera? Corrió al ropero de la entrada a buscar en su cartera. No, no estaban ahí. Quizás estaban en el bolsillo. Buscó en ambos bolsillos y no había nada. ¡Tenían que estar en algún sitio!

«Oiga, don Cheito. ¿Dónde puso mis dientes?»

«¿Qué quieres decir "dónde puse tus dientes"? ¿De qué me hablas? ¿Por qué no están en tu boca donde deben estar?»

«Siempre los pongo en papel higiénico en la tablilla en frente del baño. ¿Los vio ahí?»

«¿Cómo? ¿Papel higiénico en la tablilla? ¡Ay, Dios mío! Cogí un papel higiénico y lo eché en el inodoro. Parecía basura para mí. ¿Cómo iba a saber yo que eran tus dientes?»

¡Pobre Tía Mariana! Ahora tendría que repetir todo el proceso otra vez para obtener sus brillantes dientes nuevos. ¿Y Don Cheito? ¡Cuán grande el castigo! Por muchas semanas tuvo que guardar parte de su sueldo para pagar los dientes nuevos.

«María visita a la espiritista»

«Podemos poner volantes en el *subway*, en las bodegas, y hasta en los bares. Tiene que estar en algún lugar y alguien lo debe haber visto. La gente no se desaparece en *Nueba Yol* sin dejar rastro».

Ese era mi esposo, Cheito, siempre metódico y racional. Claro que encontraríamos a Roberto, mi sobrino. Él no era un buscabulla y quizás su desaparición haya sido algo perfectamente inocente.

Yo quería creer que lo encontraríamos, pensando que nada malo le hubiera pasado. Había convencido a mi hermana en Puerto Rico que lo dejara venir a *Nueba Yol*. Aunque nuestro vecindario era pobre y muchos lo consideraban un arrabal por la mala apariencia de los edificios, muchos de nuestros vecinos habían venido directamente de Puerto Rico y se ayudaban unos a otros a conseguir trabajos, apartamentos, y aún maridos y esposas. Yo estaba esperanzada de que podríamos ayudar a Roberto a tener un buen futuro en esta ciudad.

«Mira, Cheito le puede conseguir un trabajito aquí. En Puerto Rico él no va para ningún lado y *Nueba Yol* es la tierra de las oportunidades».

Roberto vino, se mudó con su hermana, y encontró un trabajo en una fábrica donde le iba bien y comenzó a guardar dinero. «¡Ay, si conociera a una buena muchacha!», suplicaba yo. Si conociera a una buena muchacha, podría casarse, empezar una familia, y vivir una vida feliz. Eso era siempre bueno para un joven, una buena mujer, puertorriqueña naturalmente.

Nos sorprendió que una tarde Roberto no regresara a su casa.

«Bueno, quizás un amigo lo invitó a salir y le dio vergüenza regresar tarde a casa».

Cheito trató de reconfortarme. Pero el fin de semana pasó y no supimos nada de Roberto.

«Estoy seguro de que va a aparecer en la *factoría* el lunes. Los llamo entonces».

«No, no vino a trabajar», contestó el Sr. Goldberg. «¿Está enfermo? Lo necesito especialmente esta semana ya que tengo muchas órdenes nuevas».

«Mira, esto es serio», le confesé a mi amiga, Flora, cuando vino para un cafecito.

Flora era alta y delgada y no comía mucho cuando venía a visitarme, pero siempre saboreaba el cafecito, tomándoselo lentamente para así tener cuantioso tiempo para conversar acerca de los chismes del vecindario. Generalmente, yo podía contar con ella para poder espaciarme y pensar con libertad.

«Mira, probablemente tiene una novia y decidió quedarse con ella unos días. Un muchacho de esa edad tiene necesidades y una buena novia puede cuidarlo. No te preocupes, él regresará».

Siguiendo los consejos de Cheito, pusimos anuncios en *El Diario*, en las bodegas, en las estaciones del *subway*, en tiendas, y regamos la noticia. Pasaron los días, luego las semanas, y luego un mes y nada, ni una palabra. Estaba desesperada.

Flora trató de consolarme. «Vamos a hacer oraciones y a prender velas en la iglesia católica. Podemos ir a Santa Cecilia que queda solo a unas cuadras de aquí».

Yo casi nunca iba a la iglesia, pero no me oponía a las oraciones. Cualquier intervención celestial era bienvenida.

Flora continuó. «Dios, Jesús, la Virgen María y los curas ayudan a las espiritistas», arguyó. «Mira Doña Marcela es una mujer sabia con poderes especiales. Ella le ha resuelto muchos problemas a la gente. Don Juan regresó con su esposa Trina después de haberle puesto un hechizo mágico a él. Claro que Trina hubiera estado mejor si él no hubiera regresado. Doña Marcela enderezó a esa hija rebelde de Doña Fela con una bebida especial. Esa muchacha nunca se dio cuenta de que su Coca Cola tuviera algún sabor extraño. Doña Marcela también le ayudó a Don Julio a ganar la bolita, la lotería, después de darle a Toña algunas oraciones que hizo todas las noches nueve semanas. Toña se sentía extraña haciendo oraciones ya que hacía años que no iba a la iglesia. Don Julio se ganó $200 en la lotería en la décima semana después de haber perdido nueve semanas. Sí, Doña Marcela tiene poderes mágicos».

«Mira, yo no creo en esas pamplinas», le contesté.

Yo no creía en esas tonterías, gente quitándoles el dinero a otros. Una de mis sobrinas, que estudió en la universidad, discutió conmigo, diciéndome que el espiritismo era una creencia indígena de sanación que usaban muchos puertorriqueños. Ella había leído unos libros diciendo que era una tradición con raíces religiosas de amerindios y africanos y el catolicismo español practicado por la gente en la isla. En la generación de mi madre, cuando la gente tenía poco acceso a los médicos u hospitales, muchos iban a los espiritistas, pero yo no creía que esto fuera necesario en *Nueba Yol* donde era fácil ir a los médicos.

Pero Flora era mi amiga y me puse de acuerdo con ella para visitar a Doña Marcela. Los poderes lúgubres de las espiritistas trabajaban solo por las noches y por eso fuimos a verla al oscurecer. El templo, como doña Marcela le decía, estaba detrás de su apartamento en Loisaida, en el tercer piso, en un cuarto que daba a un callejón entre dos edificios. En el primer piso del edificio de apartamentos, había una botánica, una tienda del vecindario donde vendían yerbas, objetos religiosos, velas, y otros artículos con aparentes poderes mágicos o curativos para los que tenían fe. Doña Marcela era la dueña de la botánica que administraba durante el día y por la noche servía de espiritista. No había mucha luz en el cuarto, a excepción de una bombilla azul y unas velas sobre la mesa. Yo temía que las velas pudieran ocasionar un incendio en ese cuartito con cortinas gruesas. El cuarto olía a incienso, cera quemada, Pine-Sol, y Vick's Vaporub, que lo usábamos cuando alguien tenía un catarro o el *flu*. Bueno, por lo menos Doña Marcela no era totalmente ignorante.

Había velas en el tocador con pequeñas estatuas de los santos y estatuas negras y máscaras que se usaban para el carnaval en Loíza, Puerto Rico. Las máscaras me asustaban cuando era niña, pero ahora como mujer, no era así. En una butaca había un montón de muñecas de trapo, que quizás las usaba para hacer hechizos y rituales mágicos. Las muñecas parecían hechas a mano y yo me preguntaba si podía comprarle una a mi nieta. ¡Flora me hubiera acusado de blasfemia!

Doña Marcela no era una mujer fea, aunque se movía lentamente, como si tuviera artritis. Era un poco gorda y llevaba un vestido negro con mangas largas, holgado alrededor de sus anchas caderas. Era difícil adivinar su aproximada edad porque usaba un turbante negro que le cubría el pelo completamente. El maquillaje que tenía era bastante espeso, con polvos muy blancos para su color de piel, algo que le daba a su rostro un tono moribundo, nada mal para alguien que se comunicaba con los espíritus.

Le dio la bienvenida a Flora con un beso y me dio un abrazo, un gesto incómodo para mí dadas mis sospechas. Nos invitó a sentarnos alrededor de la mesa, en frente de un envase grande con agua de colores que reflejaba las luces de las velas.

«¿En qué la puedo ayudar Doña María?», preguntó doña Marcela. «¿Qué la trae a mi templo, m'ija?»

"No sé si me pueda ayudar. Flora, mi amiga quería que yo viniera y aquí estoy». Yo no quería ser maleducada pero mi escepticismo seguramente era obvio.

«¿Qué le preocupa al acostarse y no la deja dormir bien? La gente que viene a donde mí está preocupada por algo y es por eso que piden mi intervención».

«Bueno, es mi sobrino que se desapareció hace casi tres meses y no ha regresado a la casa de su hermana o a su trabajo. Siempre ha sido un joven responsable, nunca ha estado en drogas ni en pandillas».

«Bueno estoy segura de que eso le preocupa. En *Nueba Yol* pasan tantas cosas malas. Pero para ayudarle tengo que hacer mis oraciones y comunicarme con los espíritus».

Empezó a decir oraciones parecidas a las que se oyen en los funerales. Después de un rato, las oraciones no tenían sentido, era como si estuviera hablando en otras lenguas. Cerró los ojos y empezó a mecerse de atrás para adelante como si estuviera en un trance.

Después de una letanía de oraciones y después de dejar de mecerse, miró intensamente en el envase de agua, respiró profundamente, me miró tristemente y suspiró.

«¡Ay, doña María! Siento darle malas noticias. Su sobrino ya no vive. Con mis poderes, no le puedo decir cómo ni dónde murió. Tendré que ocuparme de esas preguntas en otra sesión cuando pueda hacer otras oraciones y meditar mucho tiempo más que ahora».

Yo estaba muy perturbada. «¡Usted miente, miente! ¡Mentiras! ¿Qué sabe usted de dónde está él? ¿Cómo se atreve a decirme que está muerto? Ustedes las espiritistas son unas falsas. Yo no debí de haber venido». Me levanté de la silla, agarré mi cartera y salí apresurada, sollozando.

«¡Ay, bendito, María!», dijo Flora, abrazándome. «¡Por favor cálmate! Sé que es difícil oír malas noticias. Pero Doña Marcela no está tratando de hacerte daño. Doña Marcela, tengo que calmar a María. Tome, tenga estos pesos por su servicio. Regresaré cuando María esté más tranquila».

Se me hizo difícil socializar con Flora por varios días. Rehusaba creer lo que había dicho doña Marcela y me sorprendió que fuera tan tajante. A menudo los espiritistas eran vagos en sus predicciones. Yo nunca había visitado su botánica en donde supuestamente mucha gente gastaba mucho dinero en hierbas, creyendo que tenían poderes mágicos si se combinaban con oraciones especiales recitadas sobre ellas. Pero comprendía lo frustrada que se ponía mucha gente del vecindario cuando no podían resolver sus problemas, físicos o emocionales. Aún esperaba que Roberto apareciera, pero ¿cuánto tiempo tendría que esperar para recibir buenas noticias?

Una semana y media después de la visita a la espiritista, tuve un sueño. Yo no era supersticiosa ni creía en espiritistas, pero a veces creía en los sueños porque había tenido experiencias en las cuales ellos tenían un elemento de verdad. Todos mis vecinos y familiares creían en los sueños. Realmente, había un simbolismo íntegro conectado con los sueños. Si uno soñaba con ropa vieja, alguien que uno conociera se iba a morir. Si uno soñaba con alguien muerto, un difunto estaba buscándote o estaba esperándote en el más allá. Los sueños siempre tenían varios significados y era por lo que la gente iba a los espiritistas, para que le interpretaran sus sueños. O por lo menos eso era lo que creían mis vecinos.

En mi sueño esa noche vi a un joven delgado susurrando que no me preocupara porque él estaba bien. Caminaba un poco cojito y se veía demacrado. No se sonreía, pero parecía tener un poco de miedo, como si no quisiera que nadie oyera lo que estaba diciendo. Tenía puesto lo que parecía ser una bata de hospital y unas pantuflas andrajosas. Caminaba por un pasillo largo hacia un ascensor, desapareciendo al cerrar la puerta. El sueño iba tan rápido que no pude preguntarle nada. Me desperté de un tirón, deseando volver a dormir para entrar otra vez en el sueño y hablar con él. ¿Sería éste un mensaje del más allá? ¿Qué debería hacer yo con este sueño? No dudaba de que Flora y Doña Marcela tuvieran varias interpretaciones. Mejor dejarlo así, pensé.

El sábado marcaba el cuarto mes de la desaparición de Roberto. Yo estaba preparando la cena cuando oí a alguien tocar suavemente la puerta. ¡Qué sorpresa y qué conmoción fue ver a Roberto! «Bendición, Tití», me dijo suavemente.

«¡Ay, Dios mío, y Virgen Purísima!», contesté, casi sin creer lo que veía. Le di un gran abrazo, y lo halé adentro. Estaba pálido y flacucho, tal vez había rebajado como unas 30 libras. «Muchacho, ¿dónde has estado?», le dije. «Temíamos que estuvieras muerto».

«Ay, Tití, perdóneme. Me fijé que varios compañeros de trabajo tenían tatuajes en los brazos para honrar a sus mamás, esposas o novias y pensé que era una costumbre bonita entre los americanos. Como usted y mi hermana han sido una bendición para mí, me hice un tatuaje en su honor. Pero me dio una infección en la sangre porque la aguja estaba sucia, y terminé en el hospital por tres meses, casi me muero. Definitivamente, he aprendido mi lección de nunca tratar de seguir lo que hacen mis compañeros de trabajo y volver a arriesgar mi vida».

«Pero ¿por qué no les dijiste que se comunicaran con tu familia?», le pregunté.

«Les dije que no tenía familia», contestó. «Estaba preocupado de que le cobraran a mi familia el tratamiento ya que sé que los hospitales americanos son bien caros. Temía que se comunicaran con alguien, aun hasta en el trabajo».

Yo estaba furiosa con él por lo que nos hizo pasar, pero muy emocionada de verlo vivo. ¿Qué podría decirle? «Ven siéntate y come algo. Parece que no has comido bien en mucho tiempo. Y quiero que el viernes por la noche vengas y me acompañes a visitar y a conocer a doña Marcela, quien se comunica con los difuntos. Estoy segura de que estará encantada de conocerte».

«De ningún modo puedes salir con un mafioso»

«¡No lo vas a creer! Aquel joven italiano de mi trabajo me invitó a salir. Me quiere llevar a un restaurante y al cine. Me preguntó si podría venir a casa el sábado".

«¡Vaya! ¿Qué vas a hacer? Sabes que Papá no cree en *dates*. Dice que son para los americanos. Las muchachas puertorriqueñas no pueden tener citas románticas. Eso es lo que siempre me dice».

«Sí, pero yo ya tengo 17 años. Pronto tendré 18, así que va a tener que decir que, "sí", algún día», Blanca respondió.

Mi prima Blanca había venido a vivir a nuestra casa y a buscar trabajo para ayudar a sus siete hermanos y hermanas en Puerto Rico. Como ella era la mayor y su familia era bien pobre, era la única que los podía ayudar. Su papá caminaba con un bastón después de haber tenido un accidente en el trabajo y su mamá estaba abrumada criando a los hermanitos más pequeños. Ahora que Blanca no tenía que ir a la escuela, podía conseguir trabajo, y *Nueba Yol* en los años 60 era el lugar para encontrarlo.

Todos la llamaban Blanca porque era nívea y pálida con pelo rojo. Nadie creía que era mi prima, especialmente los americanos del vecindario. *"Your cousin don't look Puerto Rican"* «Tu prima no parece puertorriqueña», siempre me decían. Traté de explicarles que los puertorriqueños venían de muchos colores diferentes, pero no lo creían. Casi todos los puertorriqueños que veían en Loisaida eran trigueños como yo o un color café con leche.

No perjudicaba que Blanca fuera coqueta. Compraba rímel y sobras para los ojos y varios tipos de maquillaje y lápiz labial que la hacían verse mayor de lo que era y más *sexy*. Y cuando veía a un joven guapo, se sonreía y pestañaba poco a poco mientras lo miraba. A veces se paraba en frente del espejo para practicar su sonrisa y su pestañeo.

«¿Por qué abres y cierras los ojos así?», le pregunté una vez.

«Mira, cuando miras la televisión, ves mujeres *sexys* hacer eso. Así es que interesan a los hombres».

Mami le ayudó a conseguir trabajo en la *factoría* una semana después de llegar a *Nueba Yol*. Y Blanca rápidamente aprendió algunas expresiones básicas en inglés: *"I can do it, pliz, Sank you. I good worker."* Las mujeres de la fábrica también la ayudaban mucho.

«Mira, aquí no tienes que saber mucho inglés. Y eres bonita y *sexy*. Al jefe le gusta eso. Pero cuidado, cuidado con él. Si le caes muy bien, las otras mujeres se pondrán celosas y te darán problemas».

Pues Blanca decidió hacer su trabajo bien y sacarle el cuerpo al jefe. No quería problemas con un jefe pícaro ni con sus compañeras de trabajo. Pero, Tony, el asistente de la oficina que empleó, era un asunto diferente.

«Mira», me dijo. «Es bien guapo. Se parece al actor Jimmy Dean, con un hoyuelo en la mejilla derecha. Habla un poco de español por eso de trabajar con latinas. Se pasa hablando español para presumir, especialmente cuando el jefe no lo está mirando».

Las dos temíamos lo que diría Papá cuando Blanca le dijera lo de la invitación a la salida romántica. Como yo era un año menor que Blanca, nunca había pedido permiso para salir a ninguna cita. Claro que nadie me había invitado y por eso la pregunta nunca surgió y por eso Papá nunca había tenido que bregar con ese asunto. Blanca iba a ser un reto nuevo para él.

Blanca esperó hasta que Papá se tomara una cerveza y se comiera una cena buena. Siempre se ponía de buen humor cuando tenía la barriga llena. Como la cita iba a ser en una semana, no podía esperar más tiempo para preguntarle.

Blanca se acercó a Papá tímida y respetuosamente para pedirle permiso para salir a cenar con el asistente del jefe. «Oiga, Tío Cheito, un joven en mi trabajo, asistente del jefe, me invitó a salir con él a un restaurante el fin de semana». De momento, Papá se puso bien serio.

«¿Cómo? ¿Quién es ese? ¿Americano?», Papá le preguntó.

«Bueno, es italiano». Al decir que era italiano, Blanca pensaba que sería más parecido a los puertorriqueños y que Papá lo aprobaría.

«Ah, ¿un mafioso? ¡De ningún modo vas a salir con un *mafioso*!»

Nos chocó que Papá pensara que Tony era parte de la mafia. Muchos puertorriqueños en el vecindario decían eso de los italianos, pero creíamos que era en broma.

A pesar de que Blanca trató de convencer a Papá ese no fue el caso, pensamos que sería mejor esperar unas semanas hasta que ella cumpliera los 18 años. No le podía decir que «No» en su cumpleaños. Entonces, Blanca le dijo a Tony que tendría que esperar hasta su cumpleaños número 18, que venía pronto. Él pareció estar conforme con esta espera.

Nos preocupaba lo que haría Papá una vez que Blanca cumpliera los 18 y Tony viniera a visitarla. Cuando Tony finalmente vino, Papá le dijo que Blanca era muy joven, que su familia vivía en Puerto Rico y que él, Papá, era el responsable de ella en su casa. Le dio permiso para salir solo bajo una condición: yo tendría que acompañarlos a donde fueran. ¡No podía creerlo! ¡Tendría que ser su chaperona! ¡Qué insulto! Sabíamos que eso era muy común en Puerto Rico en la generación de

Mami, pero estábamos en 1960 y en *Nueba Yol*, no en un campo en Puerto Rico. Pero a Tony no le importó. Quería salir con Blanca tanto que estaba dispuesto a que yo los acompañara.

«Dos muchachas bonitas en vez de una», dijo riéndose. «Muy bien. Y puedes ser mi traductora ya que mi español está limitado al vocabulario de la fábrica y el trabajo».

¡Qué papel para mí en su primera cita! Hubiera sido mejor si hubiéramos podido salir con otro joven más, pero Papá lo hubiera visto como *double-trouble*, dos grandes problemas.

De todos modos, era vergonzoso para mí que Tony me pagara el restaurante y el cine. Pero ¿qué podía hacer? Escogí la comida más barata del menú. Por suerte, era un restaurante chino baratito del vecindario. Entrar al cine juntos con ellos también fue horroroso. Por suerte, pude encontrar un asiento al final de la fila y no tuve que sentarme al lado de ellos. Pensé que así «La Chaperona» les daría un poco de más privacidad.

Blanca se preguntaba cómo se comportaría Tony al llegar el lunes. ¿Le haría caso dada las múltiples dificultades que Papá le había causado? ¿O empezaría a coquetear con otras mujeres en el trabajo, mujeres que eran claramente mayores que Blanca? Él debía creer que era una jíbara puertorriqueña, dado lo que Papá le hizo pasar. Blanca apostó que las muchachas americanas no tenían que soportar esas cosas. Hasta en la televisión se veía lo libres que eran al ir y venir con sus novios.

Blanca trató de enfocarse en el trabajo, especialmente porque no quería que las otras mujeres se dieran cuenta de lo que estaba pasando. Nada era peor que los chismes de ese tipo en el trabajo. No solo las mujeres bromeaban unas con otras, pero también se ponían celosas. Ya estaban incómodas con Blanca por su color de piel, eso hacía que los americanos le dijeran que no parecía puertorriqueña. ¡Imagínense!

Y ella casi no hablaba inglés y lo que hablaba tenía un acento en español bien fuerte. Bueno, por lo menos Blanca no trataba de pasar por americana.

Pues Blanca estaba sorprendida de que Tony no le sacara el cuerpo. Tenía cuidado de no coquetearle porque no quería batallar con los celos de las otras mujeres. Pero él era bastante amistoso.

Unas semanas después de la cita, Papá recibió una invitación para una boda de uno de sus compañeros del trabajo. A Papá le encantaban las fiestas y las bodas porque sabía que habría mucha comida buena y licor caro, todo gratis para los invitados. Mami nunca iba a fiestas como esa a menos que fueran de la familia. Siempre temía que se formara una pelea ya que había hombres que se enloquecían cuando se emborrachaban. Y a veces eso pasaba en las bodas cuando el licor era abundante, cuando ocasionalmente un previo enamorado de la novia se aparecía y empezaba a formar líos, rehusando creer que la había perdido. Como Papá quería ir a la boda, convenció a Mami a que nos dejara ir a Blanca y a mí también.

«No te preocupes por ellas», le dijo. «Voy a estar pendiente de ellas. Y Carlos el de mi factoría es un muchacho responsable. No creo que invite a hombres locos a su boda. Podemos quedarnos hasta que sirvan la comida y corten el bizcocho y regresamos temprano».

Nos dimos cuenta de que Papá no se quería perder esa boda. Cuando Mami, con reserva, accedió, Blanca le preguntó que si podía invitar a Tony. Papá vaciló, pero no pudo pensar en una buena excusa lo suficientemente rápido y dijo «OK».

Tony le preguntó a Blanca si podría traer a su hermana Catarina, que tenía 16 años. Le dijo a Blanca que su padre no la dejaba salir mucho pero que la dejaba salir siempre y cuando estuviera con él. Blanca pensó que era una buena idea porque era un modo indirecto de conocer a la familia de Tony. Esa era siempre la pregunta en mi casa:

«Y ¿qué sabes de su familia?» No sé cómo Papá y Mami esperaban que nosotros conociéramos a la familia de otra gente viviendo en *Nueba Yol*. Uno podría conocer a las familias si viviéramos en un barrio pequeño en Puerto Rico en donde todo el mundo se conoce, pero en *Nueba Yol* uno ni siquiera conocía a los vecinos que vivían en su edificio, especialmente si vivías en los proyectos de la ciudad, como nosotros. Yo esperaba que Blanca tuviera la gran suerte de cambiar a Papá porque eso me ayudaría cuando yo quisiera salir a citas con otros. Tenía terror de cómo iba a luchar con Papá cuando eso pasara. Aun si nunca saliera con un italiano, me acordaría del comentario de Papá: «¡De ningún modo vas a salir con un mafioso!»

Blanca y yo estábamos bien entusiasmadas el sábado de la boda. La mayor parte de las fiestas a las que iba eran de la familia donde bailábamos con primos, que no era muy divertido. Pero una boda de un joven que no conocíamos quería decir que habría otros jóvenes y podríamos divertirnos bailando con ellos.

Tony se apareció bien vestido con Catarina detrás de él. Era un hombre guapo; pelo negro ondulado, alto y delgado, tal vez acostumbrado a hacer ejercicios. No en balde Blanca decía que era mono. Catarina también era bonita: pelo negro largo, delgada y delicada, atractiva pero no de modo *sexy*. Tenía un vestido sencillo negro con un collar de perlas y zapatos de tacón. Temía que se le hiciera difícil bailar ya que no tenía muchas oportunidades de vestirse y usar tacones. Como era de mi edad, nos llevamos bien en seguida. Asistía a la Escuela Santa Cecilia, una escuela secundaria católica para señoritas en Brooklyn. Las muchachas usaban uniforme con mocasines escolares y las monjas medían las faldas a cuadros plisadas para asegurarse de que no fueran muy cortas. Estaba bien entusiasmada en poder venir a la boda porque había oído que las fiestas puertorriqueñas eran muy divertidas con buena música y mucho baile.

«Me alegro de que Tony me invitara porque de otro modo mi papá no me hubiera dejado venir a una fiesta puertorriqueña, de hecho, a ninguna fiesta, aun a una italiana. Él confía que Tony me cuidará bien porque sabe que Tony es tan estricto como él. Tony es aún más estricto. Vela a los hombres como un águila. Mi papá no me deja salir en citas tampoco. Dice que tengo que esperar hasta graduarme de la secundaria. Y aún entonces, solo podré salir con jóvenes italianos. ¡Lo más seguro empezará preguntándole a qué iglesia católica van y con cuán frecuencia van a misa y toman la comunión!»

«Pues me alegra que Tony viniera con Blanca porque estará ocupado bailando con ella y quizás se relaje un poco para que yo también pueda bailar. ¿Conoces a algunos de los muchachos aquí? Parece que son buenos bailarines.»

«No, no conozco a ninguno. Papá conoce al novio de su trabajo y fue el que lo invitó a la boda. Blanca le preguntó a Papá si ella y yo podíamos venir y él dijo "OK". Una vez que dijo que sí, Blanca le preguntó si podía invitar a Tony. Tony le preguntó que si te podía invitar y Blanca pensó que esto ayudaría a Papá a tener mejor imagen de él».

La fiesta iba muy bien. Mucha música, baile, y comida deliciosa. Casi ni nos sentábamos ya que muchos muchachos diferentes nos sacaban a bailar. Esto era mucho más divertido que las fiestas de la familia a que las estaba acostumbrada. Catarina no tuvo ninguna dificultad de bailar con sus tacones. Me preguntaba dónde había aprendido a bailar salsa si iba a la escuela católica y no iba a fiestas. Había mucha gente tomando, pero nosotras tres teníamos piñas coladas vírgenes. Sabían deliciosas y parecían cócteles. Nadie tenía que saber que no tenían alcohol.

Finalmente, llegó la hora para que los novios cortaran el bizcocho. Todo el mundo estaba bien animado ya que cortar el bizcocho era una ocasión especial para hacerles bromas a los novios y sacarles fotos mientras se besaban. Todo el mundo estaba emocionado, especialmente alguien gritando ruidosamente y no podíamos entender lo que decía. Estábamos sentadas cerca del clóset en donde la gente dejaba los abrigos y lejos del bizcocho en donde la gente se estaba juntando para tomar buenas fotos. Parecía que el gentío se estaba poniendo agresivo, empujándose unos a otros para acercase a los novios. El ruido bajó un poco cuando el padrino alzó la copa de champán para ofrecer un brindis «A la feliz novia y el afortunado novio». Entonces, de momento, oímos un gran bullicio como si tumbaran una mesa y la gente gritando y corriendo por todas partes. ¿Qué estaba pasando? Tony, quien era bastante alto, podía ver por encima del gentío, nos cogió por el brazo y nos empujó a nosotras y a Papá en el clóset.

«¡Es una pelea, es una pelea, entren aquí de prisa y escóndanse, rápido, rápido!», gritó.

La gente empezó a correr bajando las escaleras de la sala, sin detenerse ni a buscar sus abrigos. Tony había cerrado la puerta del ropero detrás de él y nos quedamos encerrados, pero protegidos del gentío y la pelea. ¡Vaya! ¡Estábamos bien asustados! Y Papá también. Esto era exactamente lo que Mami temía – una pelea de borrachones. ¿Quién sabe quién la empezó y por qué?

Pasaron como unos 20 minutos para que se vaciara el lugar y para que la policía llegara. Tony regresó y abrió la puerta del ropero y nos dejó salir, explicándoles a los policías que él estaba con nuestra familia protegiéndonos. Cuando miramos hacia el área del baile nos dimos cuenta de que habían tumbado el bizcocho y algunas de las botellas de licor estaban rotas o derramadas. ¡Qué revolú! Dos de los policías caminaron afuera con Tony y nos acompañaron hasta su carro. Un grupo estaba en la acera, esperando entrar y buscar sus abrigos. ¡Quizás algunos aún pensaban entrar para seguir con la fiesta! No vimos ambulancias pues quizás nadie resultó herido. Tony estaba decidido a sacarnos rápido de ahí, y nos fuimos.

«Pues, y ¿qué pasó?» Papá le preguntó a Tony, con voz temblorosa, todavía un poco asustado.

«Bueno, este tipo Paco, estaba gritando y armando un escándalo. Dijo que la novia había sido su enamorada y estaba furioso que se hubiera casado con Carlos. Algunos hombres trataron de calmarlo, pero había tomado demasiado y empujó la mesa con el bizcocho al piso y así fue como empezó el lío. En un abrir y cerrar de ojos, no estaba claro quiénes eran los buenos o los malos, y yo no me iba a quedar para descubrirlo. Sé cuándo es bueno correr y escaparse de donde va a haber una pelea.

Papá estaba calladito. Siempre había creído que los mafiosos eran los que empezaban las peleas, no los que protegían a la gente cuando se formaban los líos. No pude resistir darle a Blanca una guiñadita y una sonrisa. Quizás Papá había aprendido una lección. Claro, yo también había aprendido una. Los padres y hermanos puertorriqueños e italianos son casi iguales, estrictos, y ambos dedicados a proteger a sus *bambinas*.

«Punteando las cuerdas de mi corazón»

«No puedes darte por vencida ahora, Gladys. Has invertido mucho tiempo y esfuerzo en esta búsqueda. Pronto verás que es como deshacer el ruedo de una falda. Una vez que hales el hilo adecuado, todo el ruedo se desbarata en un tirón. Solo tenemos que encontrar el hilo correcto».

Esa era mi hermana, Jenny, animándome a que continuara con la búsqueda. Yo había estado en eso por casi dos años, porque muchas de las pistas me habían llevado a callejones sin salida. Encontrar a los familiares de Papi Juan después de más de 20 años, había sido una obra monumental, especialmente porque Papi falleció en 1972 y ahora en el 1996, ya una mujer echa y derecha, había decidido emprender la búsqueda. La pregunta de quiénes eran mis antepasados empezó cuando estaba embarazada y tuve que completar formularios médicos con los problemas de salud de mis parientes consanguíneos. Como no sabía mucho de Papi, sus padres o hermanos se me hizo difícil contestar las preguntas. Si hubiera empezado esta búsqueda diez años más tarde, el Internet hubiera hecho todo más fácil. Pero para entonces la mayoría de sus hermanos ya habrían muerto. No había tiempo para esto, no podía esperar por las invenciones del siglo XXI.

Papi y Mami se casaron tarde en la vida y tuvieron tres hijos, Jenny, David y yo. Recuerdo a mi padre sobretodo tocando su guitarra. Estaba contento y relajado cuando tocaba las cuerdas, cantándole boleros románticos a Mami, o del amor por Jesús o por ella. A esa edad no sabíamos que las palabras tenían varias interpretaciones. Y aunque él tenía asma, cuando tocaba la guitarra, a menudo podía respirar sin toser o sibilar. Se acomodaba el pelo negro espeso, que se le estaba empezando a escasear y a ponérsele gris para atrás, se alisaba el bigote fino, y cerraba sus ojos color café, como si estuviera cantando en frente de un gran público. Me encantaba sentarme en su falda y mirar como sus dedos punteaban las cuerdas. De vez en cuando me dejaba puntearlas para que pudiera oír los sonidos diferentes. Ese era mi tiempo favorito. Yo quería mi propia guitarra, una pequeña que yo pudiera aguantar y fingir que era una guitarrista famosa.

No pudimos disfrutar de esos momentos con él por mucho tiempo porque su asma empeoró. Un día fue al hospital y nunca regresó. Mami dijo que el asma lo había matado y que teníamos que prepararnos para ir al funeral donde vendrían todos los familiares. Estábamos bien tristes, pero en ese instante no entendí que su muerte significaría que nunca más lo oiría tocar su guitarra otra vez. Pero todo el mundo estaba tan ocupado preparándose que no pude preguntar: «¿Y qué de la guitarra de Papi? ¿Quién va a tocarla si está muerto?»

Muchos adultos que yo no conocía llenaron la funeraria. Mami conocía a algunos, pero no recordaba casi ningún nombre. Todos estaban llorando.

«Mira», le dijo una señora a otra. «¿No se parece David exactamente a su papá?»

«Sí, tienes razón», contestó la otra en acuerdo. Yo estaba perpleja y miré a Jenny. «¿Cómo puede un niñito parecerse a un hombre grande?» Ella solo movió la cabeza.

Después del funeral, me monté en uno de los carros de una larga fila al cementerio. Esto fue un placer porque no teníamos carro, solo viajábamos en las guaguas públicas y los trenes subterráneos de la ciudad.

«Mami, ¿por qué hay solo gente grande y no hay niños acá?»

«Todos los niños están en la escuela, Gladys, pero tú no tienes que ir hoy porque Papi era tu papá».

Después del entierro, todos se fueron a sus casas. «¿Dónde estaban sus hogares?», me preguntaba. Yo creía que Abuela, la mamá de Papi, vivía en los proyectos donde Mami conoció a Papi muchos años atrás. Visitábamos a Abuela allá cuando ella estaba viva, pero Mami siempre rehusaba ir. Me preguntaba por qué, pero nunca le pregunté.

¡Cuánto echaba de menos a Papi tocando la guitarra después que él se fue! Cuando algunos de sus amigos tocaban sus guitarras en nuestra iglesia, me traían recuerdos maravillosos. Me hubiera gustado sentarme en la falda de alguien y puntear las cuerdas, como lo hacía con Papi. Pero sus amigos no eran familia y yo me estaba poniendo grande.

Era el 1996 cuando decidí investigar quiénes eran los familiares de Papi, ¿quiénes eran nuestras tías y tíos? «¿Qué pasó con Abuela y Abuelo? ¿En dónde vivían todas esas personas que fueron al funeral y si eran parientes de nosotros? ¿Estaban todos muertos o había algunos vivos? ¿Y qué de sus hijos? Seguramente debemos tener muchos primos si todos esos adultos eran familiares de Papi». Compartí esas preguntas con Jenny, quien respondió en su usual manera pragmática. «Esas son buenas preguntas. ¿Deberíamos empezar preguntándole a Mami?»

Claro, tenía sentido empezar por Mami. Un domingo después de la iglesia, decidí hacer precisamente eso.

«Mami, ¿recuerdas a todas aquellas personas que vinieron al funeral de Papi? ¿Quiénes eran? ¿Dónde vivían? ¿Cuál era su relación con nosotros? ¿Cómo podemos comunicarnos con ellos?»

«Ay, bendito, ¿por qué me haces todas esas preguntas? Solo me acuerdo de que el nombre de tu Abuela era Doña Tomasa y tu Abuelo se llamaba Don Julio. Una de las hermanas de Juan se llamaba María. Todos vivían en los proyectos. No sé dónde viven ahora, pero Abuela y Abuelo deben de estar ya muertos».

Esa no era mucha información, pero por lo menos tenía algunos nombres y sabía el apellido de Papi. Como todos habían vivido en los proyectos, decidí comunicarme con la Autoridad de Viviendas de la Ciudad de Nueva York para encontrar más datos. ¡Qué idea tan loca! ¿Quién habría pensado mandarle a una burocracia tan grande mis preguntas personales?

«Estimada Sra. Rodríguez. Gracias por su carta inquiriendo por los familiares de su padre. Sentimos decirle que no podemos proveerle ninguna información de los residentes de las Viviendas de la Ciudad de Nueva York. No solo tenemos que obedecer las leyes de privacidad, sino que no mantenemos los archivos de los residentes en nuestras oficinas por tantos años. Le deseamos suerte en su búsqueda».

Tendría que ser creativa para continuar con la búsqueda. ¿Por dónde podría seguir? La guía telefónica de Manhattan parecía una buena posibilidad. Pero ¡tenía que haber cientos de Rodríguez en ese libro de teléfono! Y aun cuando los limitara a Julio Rodríguez, habría más de 20. No eran tantos para llamar, pensé.

«Buenas tardes, Sr. Rodríguez. Me llamo Gladys y estoy buscando a los familiares de mi difunto padre en *Nueba Yol*. ¿Sabe por casualidad si su familia está relacionada con él? Se llamaba Juan».

Parecía una pregunta inocente y franca que no recibiría respuestas hostiles. Pero las llamadas no produjeron nuevas pistas. Solo una era un poco prometedora. Un hombre sugirió que llamara a los Rodríguez en Puerto Rico ya que muchos mantienen contacto con familiares aún después de salir de la isla. Esto resultó aún más desalentador. Había unos 10,000 Rodríguez en la guía telefónica de Puerto Rico, como 18 páginas, y 1000 de esos llamados Julio. Eso sí que serían muchas llamadas de larga distancia.

Esto iba para largo. Era extenuante contarles toda mi historia a desconocidos por teléfono. Me pedían el segundo apellido de Papi, su pueblo natal, el nombre de otros familiares, la fecha de cuándo Papi salió de la isla para *Nueba Yol*, dónde había vivido, qué clase de trabajo hacía, y más. Sin embargo, esos extraños eran bien corteses, contestaban las preguntas y escuchaban mis súplicas de por qué estaba buscando a la familia. Algunos se sorprendían de que yo no supiera quiénes eran mis parientes ya que las familias puertorriqueñas se mantenían conectadas aún después de salir de la isla. Una vez que me comunicaba con alguien, invariablemente me referían a otros. Los números de teléfono se multiplicaban exponencialmente, pero todavía sin ningún camino al cual seguir. Algunos me pidieron fotos a ver si conocían a Papi. Me sentía como una detective investigando un crimen.

«No puedo seguir con este proyecto», le dije a Jenny con frustración después de varios meses. «Estoy tentada a dejar todo esto. Solo estoy encontrando caminos sin salida. No sabemos el segundo apellido de Papi, su pueblo, cuándo llegó a *Nueba Yol*. ¿Cómo es que sabemos tan poco sobre él? Y ¿por qué Mami no sabe más? Si estuvieron casados por tantos años, ella debería saber algunas de esas cosas. ¿No le preguntó? ¿Él nunca le dijo?»

Por suerte, cuando unas puertas se cierran, otras se abren. Finalmente, tuve éxito con la llamada de Doña Sixta.

«Sí, yo tenía un hermano llamado Juan, pero falleció hace muchos años en *Nueba Yol*».

Caray, ¿podría ser esta una hermana?

«Pobre Juan, sufría de asma y eso fue lo que lo mató. Tocaba la guitarra y cantaba hermoso. Se casó y tuvo tres hijos, pero perdimos contacto con su esposa cuando él falleció. Ella no se llevaba muy bien con Tomasa, mi mamá, que se ponía celosa de cualquier mujer que se le acercara a Juan. Él era el menor y siempre enfermizo y ella era muy protectora».

Esta tenía que ser una hermana. Había muchas coincidencias.

«Pues, ¿tú eres una de las hijas de Juan? ¡Ay, m'ija qué bueno! Y ¿dónde viven los otros dos hijos? ¿Y está todavía viva tu Mamá? Y ¿por qué estás buscando a los familiares de Juan ahora? Y ¿cómo me encontraste?» Las preguntas no tenían fin. Y también lo fue la información que ella compartió. Mi papi tenía 8 hermanos, ¡cinco de los cuales todavía estaban vivos! ¡Guau! No tenía ninguna idea de que la familia fuera tan grande, pero sí recordaba el gran gentío en su funeral.

«¡Ay, nena, no sabes cuánto los hemos buscado!» Pues ellos nos habían buscado como yo los estaba buscando a ellos. ¡Qué bueno oírla decir eso! Yo creía que se habían olvidado totalmente de nosotros y no podía imaginar por qué».

No solo había cinco hermanos vivos, pero por lo menos tres tenían muchos hijos, pues tendríamos muchos primos hermanos, en Puerto Rico, *Nueba Yol*, Orlando, Chicago. ¡Qué diáspora! Luego descubriría que tenía como 50 primos hermanos, que, aunque primos, eran como hermanos por la proximidad y la importancia de esta relación en el vínculo familiar.

Tía Sixta no podía esperar a llamar a las otras tías y tíos. Me dio sus teléfonos y subsecuentemente me comuniqué con ellos también.

«Mira, tienes que venir a visitarnos en Orlando. Trae cualquier retrato que tengas de Juan y tus hermanos. Tenemos tan pocos retratos suyos, aunque le encantaba sacar fotos cuando tocaba. Pero tu mamá se quedó con casi todas». Tía Goyita me extendió esta invitación cuando la llamé.

«Jenny, ahora empiezo a preocuparme. He dedicado tanto tiempo y energía a este proyecto, y temo el tipo de recepción que reciba cuando los visite en persona. ¿Qué historias ocultas podría descubrir que explicaran la pérdida de contacto entre esos familiares y Mami? ¿Por qué rehusaría ella visitar a Abuela? ¿Habrá habido algún escándalo que las separara? No es siempre el caso que las historias de familiares separados tengan finales felices. ¿Estaré preparada para cualquier decepción que venga?»

«Ay, no te preocupes Gladys. ¿Crees que te habrían invitado si hubiera algún escándalo? ¿No dijo Tía Sixta que nos habían buscado por mucho tiempo? Si hubiera algún escándalo, dudo que les hubiéramos importado».

Jenny me reconfortó, pero Mami rehusó ir. Ella dijo que sus recuerdos de la dinámica familiar no eran iguales a los nuestros. «Abuela no me quería y siempre era fría conmigo. Tu Papi era su favorito, quizás porque era el menor y porque era tan enfermizo. Ella no creía que yo pudiera cuidarlo como lo hacía ella, siempre haciéndole sopitas y teses especiales con diferentes hierbas de la botánica. Yo nunca la hubiera hecho feliz».

Como Tía Sixta había hecho comentarios similares sobre Abuela, empecé a creer que esa era la razón principal para la ruptura en la comunicación. Yo no quería indagar mucho más en su explicación.

Tía Goyita vivía en una casa modesta en un área de clase obrera, en un *cul de sac*, donde ambos, su hermano y hermana también vivían en sus propias casas. ¡Podría conocer a dos tías y un tío en la misma visita!

Prepararon un banquete, arroz con pollo, habichuelas y ensalada de tomate y aguacate de su jardín. ¿Quién podría pedir más? Después de cenar, compartimos las fotos, identificando a los familiares y buscando a quiénes nos parecíamos.

Lo mejor de la visita fue la experiencia con Haydee, una prima, que me recibió con un gran abrazo. Era jovial y llena de energía.

«Pues, tú eres Gladys, la hija de mi tío favorito. Qué encanto saber que cantas y tocas la guitarra, uno de mis pasatiempos favoritos. Sé que tú cantas principalmente en la Iglesia pentecostal, y no voy a la iglesia, pero cuando se canta del amor, no importa si es para Jesús o para un humano».

Tratamos de cantar juntas algunas de las canciones que Papi le cantaba a Mami. Me impresionó que Haydee se acordara de todas las palabras de esos boleros viejos que tenían más de 40 años. ¡Tenía una voz preciosa y le encantaba cantar! «Soy fanática del karaoke, que es muy popular en los clubes de Orlando», me contó riéndose.

Cuando estaba preparándome para partir, Haydee me pidió que esperara un ratito a lo que ella buscaba algo en el cuarto de atrás. Volvió cargando una caja plana grande, la puso con cuidado en la mesita y me pidió que la abriera. Adentro había un estuche viejo de guitarra. Poco a poco abrió el estuche y con cuidado sujetó una guitarra en las manos. «Como dices que tocas la guitarra, mira a ver si puedes tocar esta», añadió en voz baja.

¿Por qué me estará pidiendo que toque esa guitarra vieja? Estaba fuera de tono y las cuerdas estaban muy frágiles. Obviamente había estado guardada por mucho tiempo.

«¿Qué te parece esta guitarra?» Me preguntó con un brillito en los ojos. «Como es tan vieja y no está en la mejor condición, te puedes quedar con ella. Quizás la puedas mandar a arreglar. Yo la he tenido por casi 30 años, pero siempre ha estado guardada en el cuarto de atrás y nunca la he tocado. La heredé porque yo era la única de la familia que tocaba guitarra».

Me quedé sin palabras. ¿Sería posible? ¿Podría ser esta la guitarra de Papi? ¿De veras? ¿A quién le importa que estuviera fuera de tono y que las cuerdas estuvieran quebradizas? Estaba punteando las cuerdas que Papi había tocado. ¡Los dedos de Papi habían tocado esas cuerdas! Mientras sostenía la guitarra, me imaginaba que Papi estaba punteando las cuerdas de mi corazón.

Ahora, muchos años después, pienso en esa visita con la familia extendida y lo que parecía haber sido una búsqueda sin fin de los parientes de Papi. Encontrar la guitarra fue la mejor sorpresa y la más inesperada. Pero aún lo más grato fue el haber sido aceptada por la familia que no había conocido, y enterarme de que ellos también nos habían estado buscando. Tan solo eso era una afirmación. Quedaban muchas preguntas, especialmente esas relacionadas a las reservas de Mami de no querer visitar a la familia y sus sentimientos hacia la mamá de Papi. Esas eran preguntas para seguirlas con ella, pero temía que se abrieran viejas heridas. Y las respuestas a esas preguntas eran menos importantes que saber que los parientes de Papi nos querían y nos consideraba *familia*.

«Cristina y Carlos»

«Hombre, ¡qué impresionante es esta conferencia!», le dije al joven parado en frente de mí en la fila para recoger guisado, tortillas, y frijoles. «No puedo creer el gran número de talleres aquí y las ideas tan creativas que han explorado estas maestras en su currículo».

El joven estaba de acuerdo. «Sí, es una gran conferencia. Esta es mi primera vez y estoy deslumbrado con lo que he visto y oído, especialmente las sesiones sobre la enseñanza de historia».

Me alegré de que respondiera a mi entusiasmo con una reacción similar.

«Quizás pueda invitar a algunas de esas maestras a mis clases para que compartan lo que están haciendo en sus escuelas. Sé que a menudo los maestros tienen un liderazgo pobre por parte de los administradores y colegas cínicos, pues mis estudiantes pueden usar sus ejemplos mientras se preparen para ser maestros. Quizás sus modelos puedan desmentir el "Oh, ya tratamos de hacer eso y no funcionó", sátira que se oye a menudo cuando una nueva maestra trata de hacer algo innovador».

«Estas maestras escogen temas que casi no tocamos en nuestras clases como el acoso escolar de los niños homosexuales y el Movimiento por los derechos civiles», contestó. «Yo nunca he hecho estas conexiones, pero sería una buena manera para interesar a los estudiantes en las enmiendas de la Constitución y un montón de otras cosas. Estoy consiguiendo muchas buenas ideas aquí».

Estaba parado en la fila en frente de mí y no me miraba directamente, enfocándose en llenar el plato y no dejar caer la salsa en su limpia camisa azul. A diferencia de otros participantes en la conferencia, que estaban vestidos con camisetas y jeans, él llevaba corbata y una camisa de manga larga. Quizás era uno de los presentadores ya que la conferencia era para maestros. Era delgado y el pelo cortito daba la impresión de que tal vez había estado en el ejército. Teníamos que movernos o si no retrasaríamos la larga fila de los que estaban detrás de nosotros, todos esperando llenar sus platos con los deliciosos manjares.

Cuando estábamos llegando al fin de la fila del bufé, no cabe duda preparada por una taquería local del barrio, podíamos oler la salsa y el cilantro en todo el gimnasio, convertido en una cafetería escolar típica. «Espero que encontremos una mesa», le dije. «Este sitio está bien lleno». Caminamos por el gimnasio con nuestras bandejas llenas, pero casi todas las mesas estaban ocupadas. Solo había un lugar que parecía estar vacío en una mesa grande. «Profesora», me dijo. «¿Por qué no se sienta acá y veo si puedo traer otra silla?».

«Gracias», le dije sorprendida que me llamara *profesora*. Ni siquiera nos habíamos presentado por estar enfocados en llenar los platos con carne, tortillas, salsa y guacamole.

Me senté a un extremo de la mesa. Todo el mundo parecía conocerse, estaban todos hablando a la misma vez, el bullicio ahogaba la esencia de lo que decían. Creo que estoy envejeciendo o tengo problemas de audición, me dije a mí misma. Era difícil interpretar lo que decíamos porque estábamos sumergidos en el ruido de la cafetería. Este lugar debe ser bien ruidoso cuando los niños están aquí durante la semana. Por supuesto que sería agradable que alguno de mis exestudiantes estuviera por aquí y viniera a saludarme. Me encantaría saber si están en plazas de maestros y cómo les va en sus escuelas.

El joven no regresó a la mesa en donde yo estaba. Lo más seguro encontraría lugar en otra mesa o donde estarían sus amigos. Este sitio está bien lleno y si tiene amigos aquí, estoy segura de que preferiría sentarse con ellos en vez de una mujer mayor que ni siquiera conoce.

Me puse cómoda a un extremo de la mesa y empecé a comer. Cuando estaba por terminar los tacos, apareció otra vez, arrastrando una silla.

«Comí con unos amigos en otra mesa», me dijo. «¿Puedo unirme a usted para el postre?»

«Sí, seguro, sé mi invitado», contesté, contenta de no estar tan sola y sin participación en las animadas charlas que ocurrían a mi alrededor.

Ahora que estábamos hablando frente a frente, tuve la rara impresión de haberlo conocido antes. Después de enseñar por más de veinte años en la universidad local, esa no era una experiencia fuera de lo ordinario para mí. Aun en una ciudad grande como Chicago, de vez en cuando me encontraba con exalumnos en varios lugares, en el Parque del Milenio al lado del lago, el Parque Humboldt adonde iba de vez en cuando a buscar buena comida puertorriqueña, La Villita, el barrio con las mejores taquerías mexicanas. Cuando algunos estudiantes me saludaban, a menudo me disculpaba por no recordar sus nombres, pero entendían que yo tenía muchos más nombres que recordar que ellos.

«¿Prefiere el flan o los churros, *profesora*?», me preguntó. «Puedo regresar y traer alguno de ellos para nosotros».

«Gracias, flan, por supuesto», le dije. Siempre comía más de la cuenta en estas ocasiones.

«Pues, dime. ¿Qué te trae a esta conferencia? ¿Eres maestro?», le pregunté.

«Sí, lo soy. Enseño historia en una escuela secundaria de la ciudad, y me encanta y mis estudiantes también».

«Te ves muy joven para estar enseñando secundaria. ¿Algunos de los estudiantes te confunden a veces con sus compañeros?»

«Sí, eso ocurre de vez en cuando, pero la mayoría de los estudiantes en su último año ya me conocen. La noticia de quién soy yo se riega rápido en mi escuela».

«¿Era la historia tu materia favorita? Muchos estudiantes se quejan de que la historia es aburrida e irrelevante».

«Oh, me gusta ahora, pero no había sido una de mis favoritas. En mi escuela secundaria era una de las clases aburridas: mucha memorización de nombres, fechas, y hechos. No podía entenderlo todo y siempre me preguntaba qué tenía que ver eso conmigo. Me alegro de que esos tiempos hayan pasado. Mi maestra supervisora es todavía mi mentora y cambió radicalmente el modo en que veía la historia. Si no hubiera sido por ella, estaría enseñando del mismo modo en que me enseñaron a mí».

«¿Asististe a la universidad en esta ciudad?»

«Me gradué de UIC hace varios años atrás. Tuve muy buenos profesores de historia ahí. Hicieron que la materia cobrara vida, conectando los temas a los problemas que estábamos enfrentando diariamente en nuestros vecindarios. Quizás es por eso por lo que decidí hacerme maestro de historia. Terminé creyendo que era una de las clases más relevantes del currículo. Me hicieron un creyente».

«Oh, cuánto me alegro de oír eso. Pues, te graduaste de UIC. Enseño en el programa de educación ahí. La participación en estas conferencias me mantiene al día de lo que está pasando en las escuelas. Es muy fácil perder contacto con las realidades de los maestros si mi único contacto fueran los cursos universitarios. Hay tantos cambios en los currículos, la tecnología en las escuelas, y el mundo de los estudiantes que siempre tengo que aprender cosas nuevas. Me imagino que eso es lo que nos mantiene joven».

«No me sorprende que se sienta así. Esa era una de las cosas que me gustaba de sus clases». Se detuvo por un rato, como si estuviera tratando de decidir cómo continuar. «Sí, usted fue una de mis profesoras. Me gustó especialmente su clase sobre inmigración. Aunque mi familia era indocumentada, aprendí muchas cosas que no sabía en su clase. ¿Se acuerda del evento para recaudar fondos para los *Dreamers* que unos estudiantes indocumentados organizaron en el campus un año? Yo trabajé con ellos y compartí muchas ideas de su clase. Muchos de nosotros nos sentimos bien al revelar nuestro estatus legal en vez de estar escondiendo que éramos indocumentados. Hacer público que éramos indocumentados nos dio la libertad de ser nosotros mismos».

«Pues fuiste mi estudiante, ¿no? ¡Qué bien! Me parecías conocido, pero temo que a veces se me hace difícil recordar los nombres de algunos de mis exestudiantes».

«Pues, quizás no se recuerda de mí porque me conocía como Cristina». Se detuvo por un momento, como si tratara de buscar cómo continuar. «Ya no soy Cristina. Ahora soy Carlos». Se detuvo otra vez, mirándome directamente a los ojos. «Quizás es por eso por lo que no me reconoce. No he terminado totalmente la transición».

«Oh», le dije, tratando de no parecer muy conmocionada. Habíamos abordado temas de la comunidad LGBTQI en nuestros cursos, pero era principalmente para crear conciencia entre nuestros estudiantes. Esta, sin embargo, esta era la primera vez que personalmente me topaba con el mundo «trans».

«Nunca me sentí como Cristina», Carlos explicó. «Y cuando al fin me gradué y me di cuenta de que podía ser quien creía que era, decidí tomar esa ruta y hacer la transición. Hacer pública mi condición de indocumentado me dio el valor para tomar este otro paso».

Esta era verdaderamente una experiencia nueva para mí. ¡En más de veinte años de enseñar en la universidad, ésta había sido la primera conversación con un estudiante transgénero y latino! O eso pensaba. Pero podía estar equivocada. ¿Cómo hubiera podido identificar a tal estudiante si hubiera estado en mi clase? ¿Era mi aula un ambiente seguro para que el alumnado revelara su identidad de género? Tuve tantas preguntas sin respuestas fáciles. Pero antes del 2006, no muchos de nosotros nos estábamos haciendo esas preguntas.

Mientras tanto, traté de continuar la conversación con Carlos de manera ecuánime. «Y ¿tienes el apoyo de tus colegas en tu escuela? ¿Y los estudiantes? Debe ser un gran reto. ¿Te conocían como Cristina antes de ser Carlos?»

«En realidad, me he sorprendido. Ha sido más fácil de lo que creía. Como le dije, es una escuela muy buena y me encantan mis estudiantes. Francamente, mis problemas tienen más que ver con los estudiantes que no hacen las tareas y los celulares en clase que con la identidad sexual. Los estudiantes pasan mucho tiempo flirteando y bromeando unos con otros y tengo que luchar con eso para poder enseñar. Eso no es diferente a lo que mis otros colegas tienen que aprender, de cómo mantener una buena disciplina en el aula mientras motivan a los estudiantes. Mis colegas mayores me han dado mucho apoyo en lo que sigo aprendiendo a superar esos retos.

Sin embargo, con mi familia es otra historia. Mi mamá lo ha aceptado, pero mi papá todavía no. Es un largo camino por recorrer para él. Tengo tres hermanos mayores y siempre fui su niñita. Después de tener tres hijos varones, mis padres querían tener una hija. Mi mamá anhelaba coserme vestidos bonitos y esos fueron los que recibí de niña.

Yo sabía que a las mamás latinas del área les encantaba ponerles lazos y cintas en el pelo de sus niñitas. Parece que la mamá de Carlos encajaba en este perfil.

«Pues, ¿cuándo empezaste a sentirte diferente? No recuerdo muy bien a Cristina en mis clases, pero tampoco recuerdo que mis estudiantes latinas hablaran de identidad sexual o de género en el curso».

«Bueno, como preadolescente, prefería jeans y jugar deportes con mis hermanos y los chicos del vecindario. Por suerte, todos usábamos jeans y por esto todo estaba OK. Pero me volví más rebelde de verme tan femenina. No fue hasta la universidad cuando empecé a cuestionarme quién era realmente. Pero hice lo que pude para aparentar que era una chica. No había sido rebelde. Fue solo después de graduarme de la universidad que empecé a reflexionar quién era verdaderamente y cómo quería vivir el resto mi vida. No fue fácil para mí ya que tenía pocos modelos a mi alrededor».

De momento nos interrumpió el timbre, y un anuncio de que el orador principal de la conferencia iba a empezar. No quería terminar la conversación ya que tenía cientos de preguntas para Carlos. Me preguntaba si alguna de mis otras estudiantes había seguido una ruta similar. ¿Cómo hubiera sabido lo que estaban experimentando mientras tomaban mi clase? Y si hubiera sabido, ¿habría cambiado mi modo de enseñar? ¿Hubiera cambiado mi currículo y hablado más sobre temas de la comunidad LGBTQI? Al fin y al cabo, las maestras del futuro tendrían el reto de enfrentarse a estos temas en sus familias o en sus aulas en sus escuelas. ¿Estaría yo preparándolas bien para esos retos? ¿Y qué significaría prepararlas bien? Estaba preparada para enseñar alfabetización y matemáticas. Era buena educando a mis estudiantes sobre libros infantiles multiculturales y ayudando a las maestras a bregar con temas de racismo y diversidad cultural. Pero los temas de identidad de género era un campo totalmente diferente. Recuerdo las controversias en los 1990 causadas por un libro infantil «Heather tiene dos mamás». Varias juntas escolares y asociaciones de padres estaban furiosos en aquellos tiempos condenando la presencia de ese libro en las escuelas y en las bibliotecas infantiles. Desde entonces se han escrito muchos libros infantiles más sobre los temas de la comunidad LGBTQI, pero si yo fuera a enseñar sobre la identidad de género, tendría que aprender mucho más de lo que sé.

Le di un fuerte abrazo a Carlos y le deseé que todo le fuera bien. «Muy feliz de verte y continúa disfrutando el magisterio. Aquí tienes mi correo electrónico y mantente en contacto conmigo. Y no tires la toalla con tu papá. Por lo general, los padres llegan a estar en paz con todo».

Me despedí de él con la esperanza de que sus colegas siguieran proveyéndole un espacio seguro en donde pudiera ser quien en realidad es y que la administración de la escuela pudiera apoyarlo para que alcanzara su máximo potencial. Apresuradamente, corrí hacia el auditorio a escuchar la ponencia del orador principal, pero mi mente estaba enfocada en Cristina y Carlos y en las «transiciones» que yo tendría que experimentar para enseñar mis cursos en el otoño.

«Del duelo, el amor y la ópera»

«Si sigo llorando, tendré que arreglarme el maquillaje otra vez por segunda vez. ¿Cómo puedo ir sola a *La traviata*?» Las lágrimas inundaban a Irene cuando se acordaba lo mucho que a ella y a Bob les gustaba ir a la ópera. Pero ahora tenía que acostumbrarse a estar sola después de 50 años de matrimonio. Tenía que dejar de sentir pena por sí misma; al fin y al cabo, ser viuda era una realidad muy común entre las mujeres de su edad. Se vistió disgustada por el clima frígido y se dio prisa para tomar la guagua. Sus amigas le habían advertido que el pronóstico del tiempo para Chicago anticipaba una tormenta de nieve. Como quiera ella iba a ir a la ópera. Una tormenta de nieve de Chicago no la iba a convertir en ermitaña; continuaría activa y yendo a todas partes, aunque tuviera que hacerlo sola. Pero había subestimado lo poderoso que era el dolor de haberlo perdido.

«Lo sentimos, gente, pero tienen que bajarse del bus. No nos vamos a mover más. Tengo que ponerlos en el próximo», dijo el chofer. «¿Adónde van?»

Los pasajeros gritaron «Macy's, *Wrigley Building*, El Instituto de Arte». «La *Opera Lyric*» - Irene gritó y una voz masculina dijo - «Yo también». Irene pensó que era bueno no ser la única loca que quería ir a la ópera en esa tempestuosa tarde fría de febrero y con tanta nieve.

Fue fácil conversar con otro amante de la ópera mientras esperábamos la guagua.

«Estoy deseoso de ver esta producción de *La traviata*», le dijo. «Es una de mis favoritas».

«Yo también», añadió Irene, «aunque todavía tengo que comprar la taquilla». «Me enteré de que puedo conseguir una a medio precio si todavía quedan taquillas».

«Me alegro por usted. Yo tengo la suerte de tener boletos de suscripción», contestó. «Mi esposa y yo hemos sido miembros de la ópera por casi treinta años».

«¡Guau! Eso sí que es un récord. Deben ser ávidos amantes de la ópera».

«Sí, lo éramos. Bueno, yo todavía lo soy. Pero mi esposa falleció en enero del año pasado y ahora vengo solo. Estuvimos juntos 48 años. Me abstraigo mirando los dos asientos que siempre ocupábamos. A veces no sé si estoy llorando por la ópera o porque estoy recordando nuestros años juntos. Es muy doloroso».

«Siento mucho oír lo de su pérdida. Qué coincidencia. Yo perdí a mi esposo en marzo del año pasado después de cincuenta años de casados y casi se cumple el año para mí también. *La traviata* era una de sus favoritas. Siento la misma tristeza ir a la ópera sola, recordando lo mucho que la disfrutábamos juntos».

De momento apareció el bus y después de abordar, se sentaron juntos.

«A mí me ha encantado la ópera desde niño. En mi niñez, estudié piano en el Caribe y creía que la música iba a ser mi carrera porque era bastante bueno tocando en público. Pero también me atraía la medicina y terminé siendo médico. Recientemente me jubilé del Hospital Northwestern después de 50 años».

«Bueno, tengo un hijo clarinetista, que trabaja por su propia cuenta», añadió Irene. «Lástima que no escogiera estudiar medicina porque los músicos no ganan mucho. Él es tan pobre como los personajes de *La bohemia*. Al igual que yo, él también está afligido por nuestra pérdida. Mi esposo murió de cáncer de la próstata, y él y mi hijo eran muy apegados, los dos eran amantes de la música».

«El cáncer fue el culpable en nuestro caso también. La gente cree que los hombres no lloran, pero encuentro que lo hago a menudo, a veces inesperadamente, incluso en el supermercado. Hacer la compra para una persona puede ser muy traumático cuando uno ha estado acostumbrado a comprar para dos. Ya hace un año de mi pérdida, pero el dolor todavía es intenso. Es una lástima que no tenga hijos con los que pueda compartir mi sufrimiento. No sé cómo la gente sigue adelante con el resto de la vida. Estoy tratando de hacer esto usando la suscripción a la ópera, pero no me da el mismo placer que sentía cuando estábamos juntos».

«Sí, entiendo lo que dice. El próximo mes es el primer aniversario de la muerte de Bob y la pérdida se siente como si fuera ayer. Me alegro de que nos hayamos mudado a este vecindario recientemente porque mi hijo vive bien cerca y nos apoyamos uno al otro. Vamos al cementerio juntos».

«Yo también me mudé a este área recientemente, hace como dos años. Me encantaba mi casa grande en los suburbios, y lastimosamente, tuve que deshacerme de mi piano de cola cuando me mudé. Soy un experto jardinero, y también echo de menos mi patio trasero donde me encantaba sembrar. Pero no podía quedarme en esa enorme casa solo. Los recuerdos eran muy intensos y deprimentes. Me gusta esta área, con buenos restaurantes. Es fácil llegar a la ópera y a la sinfónica y puedo caminar a mi iglesia, Santa Cecilia».

«Ah, conozco esa iglesia. Asistí a un festival en el verano y me divertí muchísimo comiendo una gran variedad de comidas étnicas. Su iglesia es bien diversa».

«Sí, lo es. Yo trabajé como voluntario en la sección de comida caribeña y nuestra comida parecía ser muy popular».

Cuando se bajaron del bus para caminar a la ópera, Irene notó lo resbalosa que estaba la nieve que acababa de caer.

«No es por coquetear, pero ¿me puedo agarrar de su brazo mientras caminamos por esta acera? Está bien resbalosa y me puse estas botas de invierno que casi nunca uso cuando hay nieve».

«Claro», le dijo, extendiendo el brazo elegantemente. «Por cierto, me llamo Jorge. ¿Y su nombre? Antes de la ópera me gustaría comer algo. ¿Le gustaría acompañarme?»

«Oh, me llamo Irene. Gracias, pero tengo que hacer la fila para comprar taquilla. Usted continúe, ya que no sé cuán larga sea la fila. ¡Qué disfrute el almuerzo y la ópera!» Y se despidieron.

Irene pensó en todas las similitudes: viudo y viuda, amantes a la ópera, recién llegados de los suburbios a la ciudad, profesionales jubilados, activos en la iglesia, probablemente de la misma edad. Pensó que quizás fue una tonta rechazar su invitación a almorzar.

Irene consiguió buena taquilla. Aunque había pocos asientos disponibles, el que estaba al lado de ella no se había vendido y estaba vacío. Si Bob estuviera vivo, hubiera estado ahí, pensó. Se preguntaba dónde Jorge y su esposa tendrían su suscripción. No parecía que fuera en el quinto piso ya que ella estaba ahí y no lo veía. En el intervalo, caminó un rato, pero no lo vio en el cuarto piso tampoco. Quizás tendría una suscripción costosa, ya que era un médico jubilado que podía pagarla.

Después de la ópera, Irene se alegró de ver que Jorge ya estaba en la parada del bus. Pensó en lo mucho que había disfrutado charlar con él y que los dos tenían la misma experiencia, el sufrimiento después de haber perdido a su pareja de casi 50 años. Había sido conmovedor el que él se sintiera tan cómodo compartiendo sus emociones sobre esa pérdida, un poco fuera de lo habitual para un hombre. Probablemente se sentiría tan solo, como ella. Respetaba y admiraba el hecho de que él continuara yendo a la ópera por su cuenta, aunque le entristecieran los recuerdos. Ella también comprendía esa necesidad, salir y hacer las cosas que les habían gustado a Bob y a ella. Pero la tristeza era todavía tan intensa; era difícil controlar las emociones aun en sitios públicos; qué consuelo y tranquilidad le daba hablar con alguien que estuviera experimentando los mismos sentimientos.

«Bueno, hola. ¡Qué placer verlo aquí!», le dijo Irene. «¿Qué tal le pareció la representación de la ópera?»

«Tremenda, especialmente la interpretación de Gremont. La orquesta también estuvo fabulosa».

«Me alegré de que pude entender más italiano. He estado tomando lecciones de italiano para disfrutar mejor la ópera. Ya que soy del caribe, sé un poco de español y comprendo algo de italiano. Quizás vaya a Italia este verano. Yo iba antes con un grupo de amantes de la ópera. Viajar con un grupo es mucho más fácil ya que uno puede tener óperas organizadas como actividades por las noches».

«¡Eso suena fabuloso! Nunca he hecho algo así. Todos mis viajes a Europa han sido con Bob y nunca he pensado cómo sería viajar sola por Europa».

«Bueno le recomiendo una de las excursiones de grupo que se enfoca en ir a las óperas. Quizás le guste, pero son un poco caras».

«Bueno, la próxima es mi parada. Me alegra haber podido hablar con usted. Disfrute el resto del fin de semana. Quizás lo vea otra vez en el bus o en la ópera».

Irene dejó el bus sintiéndose un poco extraña. ¡Qué increíble el número de similitudes: conocer a un viudo casado casi 50 años, como ella, entusiasta de la ópera, como ella, que se había mudado al mismo vecindario desde los suburbios, como ella, que le gustaba aprender idiomas extranjeros, como a ella, que estaba tan intensamente acongojado por la muerte de su pareja, como ella, y que estaba dispuesto a hablar sobre eso con una desconocida! Ese sería el tipo de hombre con quien a ella le encantaría pasar más tiempo, especialmente dado lo triste que se sentía y lo mucho que quería mantenerse ocupada para combatir su pena. Tenía la esperanza de verlo otra vez. Lástima que no pudieran intercambiar los números de teléfono de una manera elegante. Una mujer más joven y liberada, hubiera encontrado algún modo. Lamentó ser tan conservadora y anticuada. No había ninguna seguridad de que lo viera otra vez dado el gran número de gente que vivía en los condominios de su área. Y ni siquiera sabía su apellido o dónde vivía.

El próximo fin de semana el Met iba a presentar *Elektra* en los cines. A ella y a Bob les había encantado ir a estas interpretaciones de ópera en los cines que venían directamente de la Ópera Metropolitana de Nueva York. Como no conocía la obra *Elekra*, llamó a su amigo de NY, Ken, un conocedor y aficionado de la ópera.

«No te la pierdas», le dijo Ken. «La cantante es fabulosa y la actuación es poderosa».

Pues, el próximo fin de semana Irene se abrigó bien para ver *Elektra*. Como estaba nevando y hacía mucho viento, escogió el cine que estaba al norte de donde ella vivía, cerca del bus y la parada del tren, en vez del que estaba en el centro a donde Bob y ella generalmente iban. Estaba ambivalente si ir o no ir porque el clima estaba horrendo, pero como no tenía mucho más qué hacer, fue. *Elektra* no era tan popular como *La traviata* o *La bohemia* y por eso el cine no estaba a su capacidad.

Después de la ópera, mientras salía del cine, se detuvo para arreglarse bien el abrigo, el sombrero, la bufanda, los guantes, etc. Mientras caminaba por el lobby ¿a quién crees que vio caminando sino a Jorge?

«¡Bueno, qué sorpresa!», dijo él, con una gran sonrisa. «¿Estaba usted en *Elekra*?»

«Sí, ahí estaba. ¿No fue fabulosa?»

«Sí, estuvo maravillosa. No es mi ópera favorita, pero fue espectacular y la orquesta magnífica. ¿Va a tomar el tren a su casa?», preguntó. «Está muy cerca de aquí».

«Sí, ese es el plan», le dijo ella. Y salieron juntos caminando al borrascoso día.

«¡Qué extrañas estas casualidades!», pensó Irene. No había hecho planes para ir a ver *Elektra* y de ninguna manera en ese teatro. Se rio consigo misma pensando lo que dirían sus amigas si les contara esta historia. Algunas verían hasta una «intervención divina». Todas estaban tristes con la muerte de Bob y no querían que ella estuviera sola. Hubieran pensado que Jorge era la pareja perfecta, viudo, médico jubilado, amante de la ópera y la música clásica, jardinero, sensible, sin hijos, viajero internacional. ¡No había muchos hombres aptos así, haciendo nada y esperando conocer a una viuda! También era guapo, parecía serio, distinguido, y como su Bob, bastante delgado. Sí, sus amigas lo hubieran considerado un buen partido.

Mientras caminaban juntos al tren, Jorge sugirió que pararan a tomar un café o té en un café al lado de la estación.

«Cuando hace tanto frío afuera, es bueno tomar algo calientito», le dijo.

«Sí, gracias», respondió Irene. Quizás esta vez sería un buen momento para intercambiar los apellidos y teléfonos, pensó.

«¿Cómo era su esposo?», le preguntó Jorge. «¿Era músico como su hijo?»

«Oh, no», respondió Irene. «Él era filósofo, enseñaba filosofía y religión en la universidad. Ambos éramos profesores. Yo enseñaba a maestros. Nos jubilamos hace unos años atrás, pero nos manteníamos activos profesionalmente y viajando al extranjero. Sin embargo, durante los últimos cinco años nos habíamos detenido un poco porque tenemos una nieta de cinco años en Los Ángeles con quien nos gusta pasar mucho tiempo».

«Oh, yo voy a Los Ángeles a menudo. Mi hermana vive en el valle. Tengo que hacer un viaje pronto porque no nos hemos visto desde el funeral. Pero antes de eso, voy a tomar un crucero a Cuba en dos semanas. Bueno, no solo a Cuba; incluye otras islas del Caribe, pero tengo más interés en ir a Cuba. Fui a Cuba hace unos años y estoy seguro de que mucho debe de haber cambiado desde que Obama nos permitió ir a la isla. Estoy interesado en si sus políticas han tenido algún efecto».

«Bueno, ¡qué interesante! Voy a Cuba por primera vez en mayo con una delegación de nuestra iglesia. Va a ser un viaje modesto ya que nos quedaremos en los dormitorios de una iglesia y las comidas también serán con ellos allá. Estoy segura de que no será como en un lujoso crucero. Y ¿ha decidido si va a ir a Italia en el verano?»

«Esperaré hasta que regrese de Cuba. Quiero asegurarme de identificar al grupo correcto que vaya a ver las óperas que yo deseo ver y un horario conveniente. Pero, por supuesto, como jubilado, mi horario es flexible. También me di cuenta de que hay otra excursión de óperas en Viena para el aniversario de la *Staatsoper*. Ese viaje parece especialmente atractivo, pero más costoso».

«¡Guau, Viena o Italia para ópera! Ninguna de las dos estaría mal. Pero primero Cuba. Voy a llamarlo cuando usted regrese de Cuba para pedirle consejos de qué llevar o no llevar. Mi iglesia nos ha dado sugerencias, pero sería mejor hablar con alguien que recientemente ya haya ido allá».

«Por supuesto. Hágalo. Aquí tiene mi tarjeta profesional, que ya no uso más, pero tiene mi correo electrónico y mi teléfono».

«Yo ya no cargo con mi tarjeta profesional, pero le enviaré mi teléfono y dirección electrónica por email», respondió Irene.

Después de tomar té, caminaron a la estación del tren. «Me alegro de que esta estación esté tan cerca porque es muy difícil salir con este clima tan hostil. A veces prefiero quedarme en casa y escuchar música. Bueno, aquí está mi parada. Creo que usted tiene una o dos más. Adiós. La veré por ahí. Quizás casualmente nos encontremos otra vez».

«Sí, tengo dos paradas más. ¡Qué tenga un buen viaje a Cuba!, añadió Irene.

Pues bien, pensó ella, ahora tendría una buena excusa para escribirle un email o llamarlo. Le podría preguntar sobre el viaje a Cuba y cómo le fue, y cualquier otro consejo que él pudiera ofrecerle.

Unas semanas después, Irene le escribió a Jorge. Un correo electrónico era menos agresivo que una llamada, pensó.

«¿Cómo le fue el viaje a Cuba? Me preguntaba cómo le habría ido en el crucero y su impresión de la isla. ¿Algún consejo de lo que debo llevar o no llevar?»

Horas más tarde Irene recibió una llamada telefónica de Jorge.

«Bueno, Cuba fue extraordinariamente fascinante. No ha cambiado mucho desde la última vez que estuve allá. Y la gente sigue tan cálida y simpática como siempre. Me encantaron los carros viejos y lo bien que algunos cubanos los han mantenido. Pero me entristeció la condición de los edificios, muchos con la preciosa arquitectura colonial. El embargo realmente ha devastado la isla. No la puedo ayudar mucho en cuánto a qué llevar o no llevar, ya que nos quedamos en el crucero y solo estuvimos un par de horas. Lleve zapatos cómodos, por supuesto, y ropa de verano porque hace calor y hay mucha humedad».

«Y ¿qué decidió en cuanto a Italia o Viena? ¿Ese sería lo próximo para usted?»

«Estoy todavía indeciso, pero me voy a inscribir en una excursión de grupo. Definitivamente no quiero ir solo. Pero primero voy a Los Ángeles a visitar a mi hermana».

«Bueno, parece que nuestros viajes nos llevan al mismo lugar. Quizás vaya a visitar a mi hija en Los Ángeles en un par de semanas. Estoy considerando un viaje a Italia en el futuro».

«Pues, se lo recomiendo. Es un buen modo de viajar». Jorge pausó un rato. «Disculpe Irene, pero tengo una confesión que hacerle. Tengo que confesarle algo. He estado mintiéndole y tengo que ser franco con usted». Se detuvo otra vez. «He estado de duelo, no por mi esposa, María, sino por mi pareja de 48 años, Keith. Soy un hombre gay que he estado en el clóset por muchos años debido a que era médico y esta sociedad no les abre las puertas de par en par a los homosexuales. Cuando me preguntó sobre mi pérdida, fue más fácil responder como si hubiera estado casado con una mujer. Keith murió de cáncer el año pasado y he estado de duelo por él. Siento mucho no haberte dicho la verdad cuando nos conocimos, lo que pasa es que nunca sé cómo la gente va a reaccionar si digo que soy gay».

Irene se quedó desconcertada con su confesión. Se detuvo por un rato antes de responder.

«Bueno, siento que hayas pensado que era necesario inventar una historia diferente de tu vida. Estoy segura de que has sufrido tanto dolor al perder a Keith como yo he sentido al perder a Bob. El duelo no tiene género. Todavía tenemos que seguir adelante con nuestras vidas, aunque haya muchas veces que nos preguntemos cómo. Aunque este vecindario acepta a los gais, entiendo lo difícil que debe ser el temor de cómo otros van a reaccionar. No estoy ofendida. Tengo varios colegas que son gais que se casaron recientemente y yo celebré su felicidad en esa ocasión».

«Gracias, Irene. Aprecio tu respuesta. Mi manera de continuar con la vida son mis viajes. Voy al *tour* con un grupo de amigos, todos hombres. Nos hemos conocido por muchos años así que como si fuéramos familia. Dado a que no tengo hijos, es bueno tener estos amigos en mi vida. Quizás cuando regresemos de nuestros viajes, podríamos vernos para tomar un café o un trago e intercambiar las historias de nuestros viajes. Estaré en comunicación. Cuídate y que tengas unos viajes maravillosos».

«*Bon voyage* para ti también».

De algún modo saber que Jorge era gay creó en Irene un tipo de enigma o dilema. No sabía cómo interpretar sus sentimientos. La confesión de Jorge parecía haber venido tan abrupta y sorprendentemente. Ella creía que el duelo de ambos era paralelo, el de Jorge por su esposa, María, y el de ella por su esposo, Bob. Su dolor parecía ser tan fuerte como el suyo. La pérdida de él era tan real como la de ella. Aunque ella no había estado buscando el amor o una relación, estaba fascinada con Jorge por su franqueza, su amor por la ópera y por lo mucho que tenían en común. Pero sus emociones la inquietaban. Sentía un grado de culpabilidad dado el gran amor que profesaba por Bob y el matrimonio tan especial que habían tenido. ¿Cuál sería la naturaleza de un compañerismo o una amistad entre una viuda y un viudo gay? ¿Valdría la pena buscar tal «amistad» o «relación»? ¿Cuánto interés tendría Jorge en eso? ¿Por qué ansiaría un viudo gay pasar mucho tiempo socializando con una viuda? Irene se preguntaba si él la llamaría. Quizás esperaría unas semanas para comunicarse después de que él regresara de Europa. El hecho de que era gay haría más fácil la relación ya que ni el amor ni el romance ni el sexo complicarían las cosas. ¡Qué agradable sería solo tener un nuevo amigo con quien salir a la ópera o a la sinfónica y disfrutar y hablar del espectáculo!

Glosario

Para crear una traducción auténtica, es necesario usar el español de los puertorriqueños de Nueva York, inclusive anglicismos. Para esos hispanoparlantes que no hayan vivido esa realidad, hemos creado este glosario. El idioma que se habla responde a la realidad de la sociedad donde se usa. En el español de los puertorriqueños de Nueva York, hay muchos anglicismos, vocabulario creado por la influencia de los dos idiomas, el inglés y el español.

Boricua	nombre para puertorriqueño/a. borinquén, el nombre indígena de Puerto Rico.
Braun	color café. Anglicismo para brown; pardo.
Chanclas	flip flops; sandalias abiertas.
El clóset	anglicismo para closet; ropero. También se usa para homosexuales que están ocultos de su sexualidad. Están en el closet; salió del closet cuando reveló ser homosexual.
Coger	tomar, tomar el bus (coger la guagua); tomar el tren; agarrar, como coger la maleta,.
Gais	anglicismo para homosexuales; palabra en inglés.
Guagua	bus, autobús.
Guao, wao,	Wow! Palabra de exclamación, caramba, Vaya, Hombre, etc.

Habichuelas frijoles, rojos, negros o blancos.

Jeans	mahones; Pantalones de tela pesada; anglicismo para jeans.
Clínex	kleenex; papel higiénico para la nariz.
Lanlo	anglicismo para landlord; el encargado de un edificio.
Marqueta	mercado
Mellá	mujer sin dientes; desdentada
Proyectos	Caseríos; edificios grandes construidos por el gobierno. Generalmente para gente de bajo ingreso
Renta	anglicismo para rent; alquiler.
Revolú	desorden, pelea, un lio
Sobway	Tren subterraneo de Nueva York. Anglicismo de subway.
Teenagers	adolescentes
Tenis	zapatos de deportes; anglicismo de tennis.
Toile	anglicismo para el baño; toilet.
Trigueño	color de personas entre blanco y negro; color café o Braun.
Tro´	camión; anglicismo de truck; Algunos Mexicanos-Americanos dicen troka.
Zafacón	Palabra puertorriqueña para basurero, cesta de basura.

Información sobre la autora y la traductora

Autora
Irma María Olmedo

Irma María Olmedo nació en Puerto Rico y se mudó a Nueva York con su familia en 1951. Vivió en Nueva York hasta que se casó y se mudó para Wisconsin. Después de obtener su doctorado, enseñó en varias universidades, la última la Universidad de Illinois-Chicago.

Irma quiere lograr una segunda carrera como escritora de ficción. Ha publicado capítulos y artículos en revistas académicas sobre el bilinguismo, la educación, y la inmigración. Esta es la traducción de su primer libro, *Tales from the Barrio and Beyond*. En este libro Irma se inspira por sus recuerdos y experiencias personales y las de su familia. Sus historias se enfocan en la migración puertorriqueña y la diáspora. Esta obra fictiva aborda temas que van desde los recuerdos hasta las aventuras infantiles, la migración y los choques culturales.

Traductora
Julia Oliver Rajan

Julia Oliver Rajan nació en Puerto Rico y se mudó a Chicago en 1994 para estudiar lingüística aplicada en la Universidad de Illinois en Chicago. Trabajó con Irma como asistente de investigación en varios proyectos para maestros y estudiantes bilingües en las escuelas de Chicago hasta obtener su doctorado. Ahora es profesora asociada de instrucción en la Universidad de Northwestern.

Julia ha creado varios cursos de español para hablantes de herencia, servicio comunitario y lingüística. Además de hacer investigación sobre el español de Puerto Rico, ha creado un archivo digital titulado *Coffee Zone: Del cafetal al futuro*, una colección de anécdotas narradas por personas que contra viento y marea desean mantener la industria cafetalera de Puerto Rico viva. Julia también es la autora del libro de texto *Amigos de la comunidad: Curso de aprendizaje-servicio en español*. Entre otros cursos, enseña clases de metodología para adiestrar a futuros maestros de español para hablantes de herencia.

Controversia sobre la bandera puertorriqueña

En la portada de mi libro aparece una bandera puertorriqueña en una de las ventanas del edificio. Para ese entonces, los años de1950, uno no hubiera visto banderas así exhibidas públicamente. Eso se debe a que nacionalistas puertorriqueños atacaron la Casa de Representantes de los Estados Unidos en 1954 para afirmar su deseo para la independencia de Puerto Rico. Era la época del senador Joe McCarthy en la que había persecución contra esos que se acusaban de ser comunistas.

Ahora hay varios puntos de vista sobre el color azul de la bandera puertorriqueña:

azul celeste - color original, símbolo de la independencia;

azul turquí - el azul para demostrar la hermandad con Cuba en su lucha de independencia contra España;

azul marino - conformidad con los EE. UU.

En Puerto Rico muchos asuntos como este tienen significado político.